図解 眠れなくなるほど面白い

般若心経

【監修】
真言宗智山派照光寺住職
智山伝法院院長
宮坂宥洪
YUKOU MIYASAKA

日本文芸社

はじめに――小さな大経典「般若心経」

日ごろ、私たちはいろいろな場面で祈ります。祈りは、宗教に関係したものだけではなく、日常の至るところにあります。

「明日、天気になあれ」と晴れを祈り、「お気をつけて」と旅の無事を祈り、「早くよくなりますように」と回復を祈ります。

祈りの言葉は、人間同士の言葉ではありません。言葉そのものは人にかけていたとしても、込められた思いは人間以上の何かに向けられています。人間以上の何かに向けて、心底から出た言葉が祈りですから、それは常に真実です。

人間同士の言葉には嘘偽《うそいつわ》りがつきものですが、真の祈りに嘘偽りを混ぜることはできません。そんな祈りの言葉を、インドの古い言葉であるサンスクリット語で「マントラ」といいます。今日では、マントラは「真言」と訳されています。「(仏の)真実の言葉」という意味でこう訳されたのです。

「般若心経」は、その祈りの言葉（マントラ、真言）を説《と》いたお経です。そのことは、般若心経の文言の意味を、正確に追っていくとよくわかります。

般若心経といえば、「色即是空《しきそくぜくう》」などで知られる「空《くう》」が何度も登場することから、

『世のなかのすべては空《むな》しい。こだわりを捨てなさい』と説いている」というような、人生訓に落とし込んだ解説書が多々あります。そういう解釈も可能ですが、般若心経の意味するところは、それよりもはるかに深遠です。

数あるお経のなかでも、般若心経は、宗派を問わず親しまれてきました。日本仏教の全宗派に共通するお経は存在しませんが、一応、すべての僧侶が知っているお経といえば般若心経しかないでしょう。

一般の方々にも人気が高く、1200年以上前から幾多の研究書や解説書が著《あらわ》され、読経《どきょう》や写経がされてきました。

お経のなかに、これほどの「ベストセラー」は、ほかに見当たりません。

般若心経のどこに、そんな魅力があるのでしょうか。たった262文字の短いお経でありながら、般若心経には、膨大な経典のエッセンスが凝縮されています。そのため、「小さな大経典」と呼ばれます。いつでも唱《とな》え、写すことができる親しみやすさの奥底に、深遠な世界が広がっているところが、人々を惹《ひ》きつけてやまないのでしょう。

本書では、できるだけ原典に忠実に般若心経の意味を追いながら、その魅力を解き明かしていきます。従来の解説書とは、ちょっと違う視点からの般若心経の姿を味わい、いっそう深く親しむきっかけにしていただければ幸いです。

眠れなくなるほど面白い 図解・般若心経 目次

第1章 般若心経の成り立ちを考える

第2章　般若心経の教えを知る

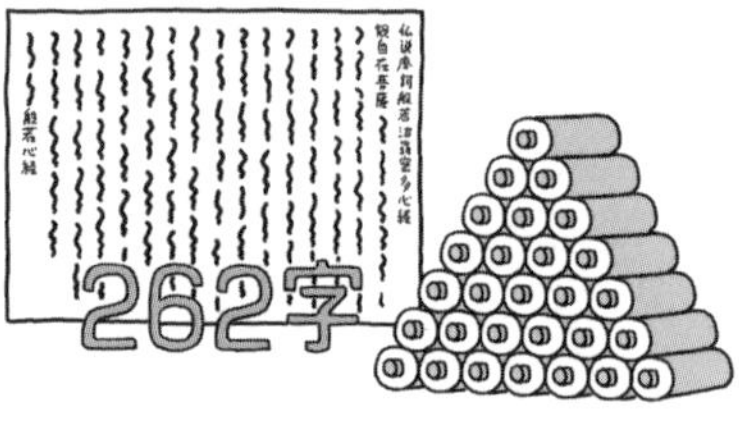
262字

ギャーティ
ギャーティ
ハーラー
ギャーティ
ハラソウ
ギャーティ

第1章
般若心経の成り立ちを考える

「般若心」を説いたお経

まずは、「般若心経《はんにゃしんぎょう》とはどんなお経か」ということからお話ししていきましょう。

般若心経は、名前のとおり「〝般若心〟を説いたお経」です。まさしく読んで字のごとしです。

では、般若心とはなんでしょうか。

般若は、般若波羅蜜多《はんにゃはらみた》の略です。これは、原典のサンスクリット語の「プラジュニャー・パーラミター」の音写語です。漢語に訳さずに、音だけを写した言葉を音写語といいます。日本語にも、英語などをそのままカタカナ書きした外来語がたくさんありますが、それと同じです。

中国語ですから漢字ですが、音写語は漢字の意味は関係なく、音だけが重要です。

般若、すなわちプラジュニャーは「智慧《ちえ》」という意味です。「知恵」と書いても間違いではありませんが、世間的な知恵ではなく、それを超越した**仏の知恵、根本的な知恵**を意味します。

世間的な知恵と区別するために、我が国の学者の間では、伝統的に「智慧」と表記することになっています。本書でもそれに従います。ちなみに、「般若」は音を写しただけなので、いわゆる般若の面とは関係ありません。

パーラミターは「完成」という意味です。ですから「般若（波羅蜜多）心」とは、**「智慧の完成（より厳密には「智慧という完成」＝28ページ参照）の心」**という意味になります。

「般若」という言葉の意味は？

般若
- ＝漢訳（サンスクリットの音写）：「般若波羅蜜多」
- ＝漢訳の読み：「はんにゃはらみた」
- ＝サンスクリット語：「プラジュニャー・パーラミター」
- ＝サンスクリット語の意味：「智慧・完成」
- 「智慧の完成」という意味

「般若の面」には
関係がない

観自在菩薩
行深般若波羅蜜多時
照見五蘊皆空
度一切苦厄

「仏を生む」仏母でもある

般若心の「心」は、ここでは「マントラ」を指します。「はじめに」でも述べたとおり、マントラは「祈りの言葉」のことで、今日では「真言《しんごん》」と訳されています。

般若心経は、「般若波羅蜜多のマントラ（真言）を説くお経」ということになります（「心」の意味については、第2章で改めて述べます）。

さらに、ここにはもう一つ、込められた意味があります。「プラジュニャー・パーラミター」は女性名詞です。これは祈りの言葉であると同時に、実は「女尊（女性の聖なるもの）」の名前であり、仏母（＝菩薩《ぼさつ》）、つまり「仏陀（お釈迦様、悟った人）の母」を指しています。

般若波羅蜜多（マントラ）が仏母という女尊だというと、奇異に感じる人もいるでしょうが、インドでは古くから、風、雨、雷などの自然現象はもちろん、言葉や時間や法則といった抽象的なものも、尊ぶべきものはすべて神格化してきました。

このあと述べるように、現在、最も広まっているのは玄奘《げんじょう》訳の般若心経ですが、後代に訳された般若心経には、経題を「仏説聖仏母般若波羅蜜多経」として、般若波羅蜜多が仏母だと明記したものもあります。チベット版の般若心経でも、経題に「女尊＝仏母」という言葉が記されています。

ここには、般若波羅蜜多という「智慧の力」で仏が生まれるという意味が込められているのです。

般若菩薩《ぼさつ》（般若仏母）という女尊

➡プラジュニャー・パーラミターを象徴する菩薩として般若菩薩（般若仏母ともいう）がつくられる。女性らしい姿で描かれる。

⬆日本密教風の般若菩薩。大般若法要を行うときの本尊とされる。

➡チベット風の般若菩薩。明らかに女性らしく描かれる。

玄奘三蔵が持ち帰って漢訳

般若心経は、**唐代の僧、三蔵法師《さんぞうほうし》玄奘《げんじょう》がインドから原典を持ち帰って漢訳（中国語に訳すこと）しました。**玄奘は、明代の小説『西遊記』に登場するので、ご存じの方も多いでしょう。『西遊記』はフィクションを交えた小説ですが、玄奘は実在の人物です。三蔵法師とは、３種に大別される仏典（経蔵・律蔵・論蔵）のすべてに精通した僧侶のことで、転じて訳経僧（お経を訳す僧）をも指すようになりました。

三蔵法師とは、その役目を果たす僧の尊称で、個人の名前ではありません。しかし、最も有名なのが玄奘なので、日本では三蔵法師といえば玄奘を指すことが多くなっています。

河南省洛陽に生まれた玄奘は、インドで仏教を学びたいと願い、西暦６２７年、国禁を破って旅に出ます。命をかけて砂漠を渡り、インドに到達して仏道をきわめます。18年後、膨大な仏典を持って帰国。残りの人生は、寝る間も惜《お》しんでの仏典の翻訳と学僧への講義に費やしました。

玄奘の持ち帰った経典のなかでも、とくに重要だったのが６００巻に及ぶ「大《だい》般若経」でした、名前のとおり、般若波羅蜜多の大切さと功徳《くどく》を説いた経典で、その前にあったおびただしい量の般若経典群をまとめたものです。

般若心経は、大般若経には含まれていませんが、その多くの部分が大般若経から抜粋されています。

玄奘三蔵の出発から帰還までの道程

仏教の聖地・ブッダガヤーにある大菩提寺の大塔。この地を訪れた玄奘も仰いだという。

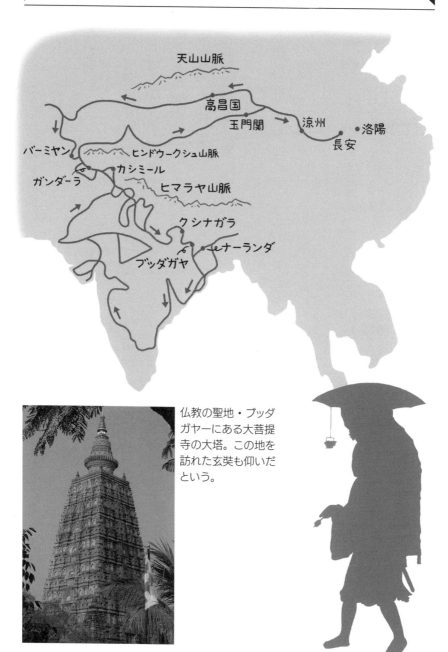

600巻の経典のエッセンスを凝縮

受け継がれた玄奘訳の般若心経

般若心経を漢訳したのは、厳密にいうと、実は玄奘が最初ではありません。玄奘より250年近く前に、後秦の鳩摩羅什《くまらじゅう》という人が、「摩訶般若《まかはんにゃ》波羅蜜大明呪経《はらみつだいみょうじゅきょう》」として漢訳しています。

さらに、それより200年前に呉の訳経家、志《し》謙《けん》が訳しており、これは「摩訶般若波羅蜜大明呪経」という題名だけが伝えられています。こうしたことから、般若心経の原形は、インドで3世紀頃には成立していたと推測されています。

玄奘以後にも、漢訳が5本残されていますが、**一般に「般若心経」といえば玄奘訳**を指します。中国でも古くから般若心経の研究・解説が盛んになされてきましたが、いずれも玄奘訳に対するものばかりです。それほど、玄奘の漢訳は重んじられ、親しまれてきたのです。

般若心経は、その多くが大般若経から抜粋されていることから、**大般若経のエッセンスを凝縮したお経**と位置づけられます。大般若経600巻を持ち帰り、生涯をかけて漢訳した玄奘だからこそ、後世まで長く受け継がれ、人々を魅了する漢訳を成し遂げられたのでしょう。

その一方で、玄奘は、羅什の訳を尊重する訳しかたもしています。西域への旅の道中、玄奘が頻繁に般若心経を唱えていたと推察できる資料もあり、玄奘にとって、いろいろな意味で般若心経が特別なお経だったことがうかがわれます。

後世に残る玄奘三蔵のレガシー

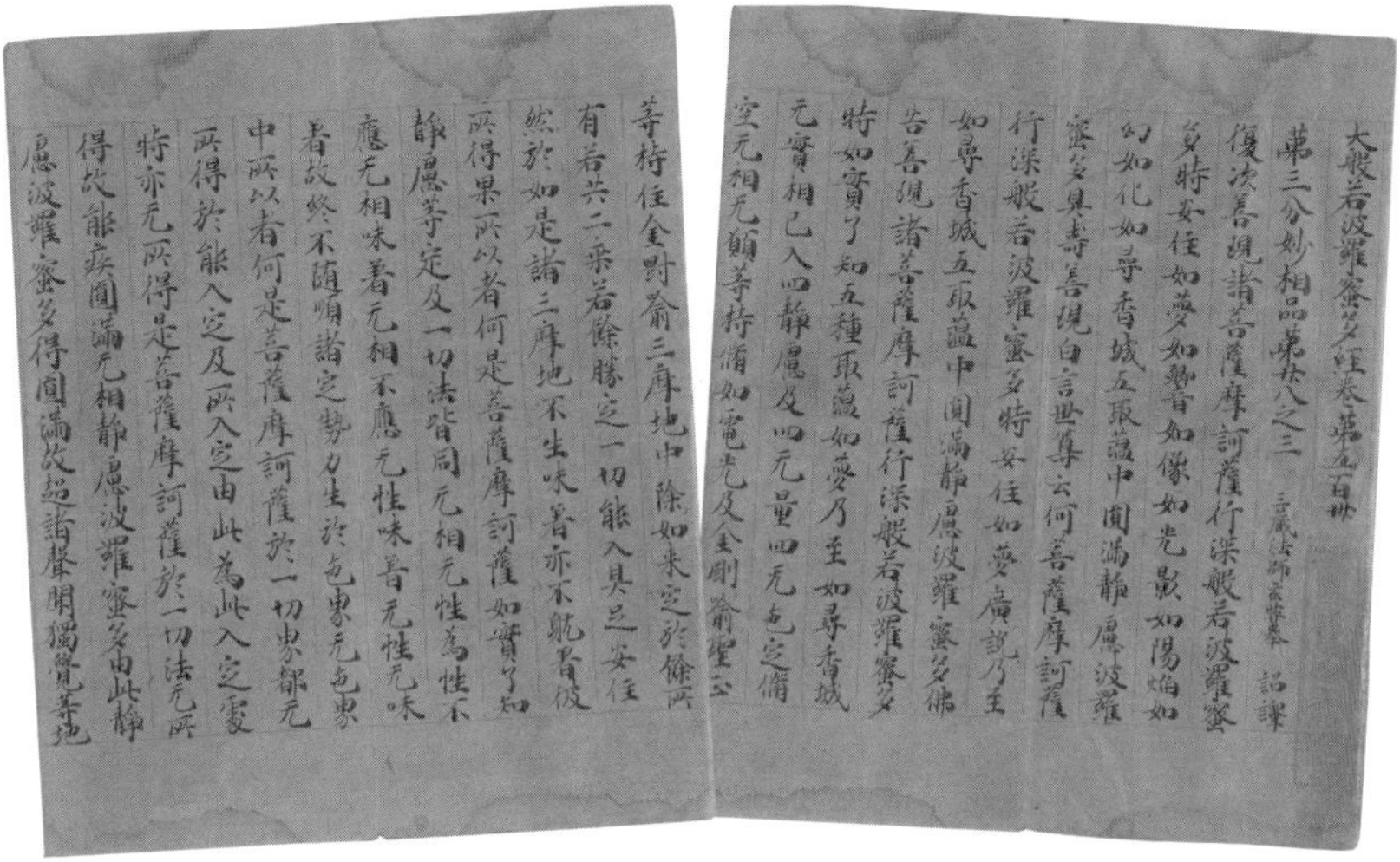

🡅大般若経。仏教の教えを説いた経典をまとめたもの。600巻に及ぶ。

🡅大雁塔（だいがんとう、中国・西安市）。玄奘三蔵がインドから持ち帰った経典や仏像などを保存している。

🡆大雁塔近くに立つ玄奘三蔵像。

日本に伝わり、庶民にも親しまれた

262文字の小さな大経典

般若心経がわが国に伝わった時期は、明確にはわかっていませんが、唐に渡って玄奘に師事し、660年に帰国した法相宗《ほっそうしゅう》の僧、道昭《どうしょう》が持ち帰った可能性が高いとされています。以来、わが国でも、般若心経の研究が盛んになっていきました。

時代が下って江戸時代になると、字の読めない庶民でも般若心経を唱えられるようにと「絵心経」というものもできました。「釜」の絵を逆さに書いて「まか」と読ませるなど、絵で読みかたを記した般若心経です。ユーモラスな江戸庶民のセンスとともに、字が読めなくても、尊い仏の教えに触れようとした庶民の心情が伝わってきます。

実は、わが国に広まった般若心経は、玄奘訳を基本としながらも一部が違う「流布本《るふ》」といわれるものです。流布本には、玄奘訳にない「一切」の文字が入っています。

そのため、260文字の玄奘訳に対し、流布本は262文字（本文）です。

最後の「掲諦、掲諦…」の表記も、玄奘訳は「掲帝、掲帝、波羅掲帝…」ですが、そのままの表記の流布本はなく、しかも「羯諦」「波羅」など多様な表記と組み合わせが見られます（本書での漢字表記と読みかたは真言宗智山派に伝わるものです）。多様な流布本が登場したのも、それだけ般若心経が「小さな大経典」として広まり、親しまれたことの証《あかし》といえるでしょう。

こんにちに残る「般若心経」の訳本

流布本は「般若心経」

流布本は「羯諦」

流布本には前に「仏説摩訶」が入る

玄奘訳

般若波羅蜜多心経

唐三蔵法師玄奘譯

観自在菩薩。行深般若波羅蜜多時。照見五蘊皆空。度一切苦厄。舎利子。色不異空。空不異色。色即是空。空即是色。受想行識亦復如是。舎利子。是諸法空相。不生不滅不垢不浄。不増不減。是故空中無色。無受想行識。無眼耳鼻舌身意。無色声香味触法。無眼界。乃至無意識界。無無明。亦無無明尽。乃至無老死。亦無老死尽。無苦集滅道。無智亦無得。以無所得故。菩提薩埵。依般若波羅蜜多故。心無罣礙。無罣礙故。無有恐怖。遠離顛倒夢想。究竟涅槃。三世諸仏。依般若波羅蜜多故。得阿耨多羅三藐三菩提。故知般若波羅蜜多。咒。能除一切苦。真実不虚。故説般若波羅蜜多咒。即説咒曰。

掲帝掲帝　波羅掲帝　波羅僧掲帝

菩提僧莎訶

般若波羅蜜多心経

流布本は「薩婆訶」「僧婆訶」

流布本には「離」と「顛」の間に「一切」が入る

流布本にはこの行はない

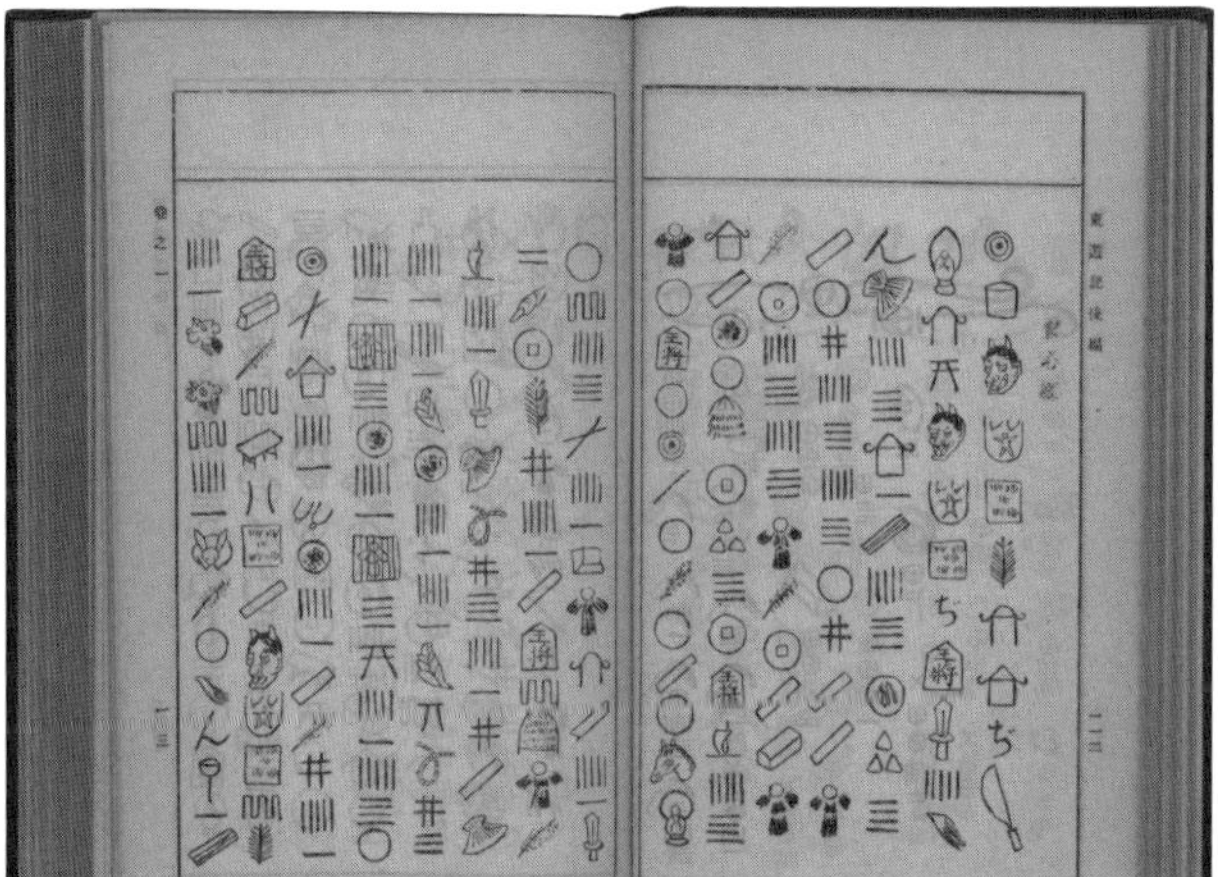

江戸時代後期に著された絵心経。おもしろおかしく謎解きをしながら読めるようになっている。

大本の存在や時代背景もヒントに

　般若心経は、その全体が祈りの言葉ともいえ、**音とリズムに身を委《ゆだ》ねることも重要**です。しかし、意味をより正確に知っておけば、さらにその味わいも深まり、自分自身の般若心経を体験できるでしょう。

　そのために本書では、サンスクリット語（一部パーリ語）の原典と対応させながら意味を解説しました。

　また、般若心経には、世に広まっていませんが「大本《だいほん》」というものが存在します。通常の般若心経を小本《こほん》というのに対し、それより字数が多く、前置きとなる状況説明や事後の様子などが記されたものが大本です。大本も参考にすることで、いっそう理解が深まるので、その内容にも触れてあります。

　般若心経は、仏教史のなかでも重要な位置にあるお経です。詳しくは第2章で述べていきますが、お釈迦様が語られた言葉からできている仏典に対し、詳細な研究に没頭し、それを出家者の修行のためだけに用いる態勢となってしまったのが小乗仏教（部派仏教、上座部仏教など）でした。

　それに対し、「すべての人は救われて仏になれる」としたのが大乗仏教です。般若心経は、その**大乗仏教のありかたを高らかにうたい上げたお経**でもあるのです。こうした予備知識を持っておくと、般若心経の理解はさらに深まるでしょう。

仏教の伝わりかた

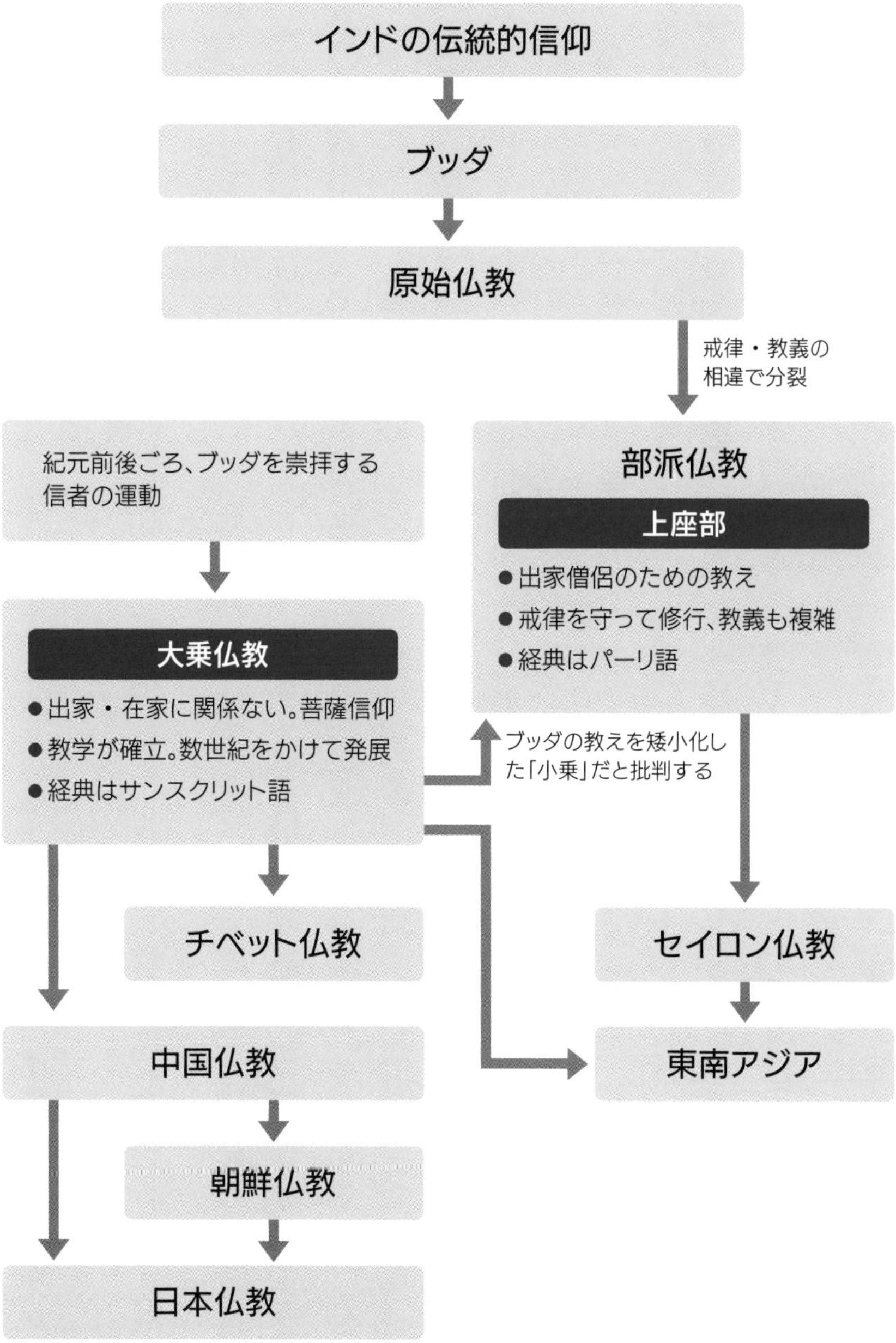
インドの伝統的信仰
ブッダ
原始仏教
戒律・教義の相違で分裂
紀元前後ごろ、ブッダを崇拝する信者の運動
部派仏教
上座部
●出家僧侶のための教え
●戒律を守って修行、教義も複雑
●経典はパーリ語
大乗仏教
●出家・在家に関係ない。菩薩信仰
●教学が確立。数世紀をかけて発展
●経典はサンスクリット語
ブッダの教えを矮小化した「小乗」だと批判する
チベット仏教
セイロン仏教
中国仏教
東南アジア
朝鮮仏教
日本仏教

般若心経への親しみかた

般若心経への親しみかたとしては、ほかのお経と同じく、**読経や写経**があります。262文字の短いお経なので、慣れない人でも読経や写経を行いやすく、初心者にもぴったりです。

それでいながら、何度も読経や写経をするほど、新たな味わいと、内なる自分への気づきが生まれます。そのように奥が深いお経です。

具体的な読経のやりかたは巻末で紹介しますが、ここでは基本的な注意点を述べておきましょう。

般若心経や、そのもとになっている般若経の教えは、一宗派に偏《かたよ》るものではなく、基本的には宗派を問わず用いられています。

ただし、**浄土宗・浄土真宗は自力行《じりきぎょう》を廃するという理由から、また日蓮宗は「法華教」を最重視するという理由から、般若心経の読経は行いません**。これらの宗派の檀家の方には、般若心経の読経はお勧めしません。どうしても唱えたいときには、声に出さずに行ってください。

読経するときは、経典に対する崇敬《すうけい》の念を持って、手を洗い、口をすすいでから行うようにしましょう。家で読経をするなら、仏壇に向かって行うのが最もよいのですが、仏壇がない場合は清浄な場所で行います。好きな仏像の写真を前に置き、花や木を供《そな》えるのもよいでしょう。

写経は、静かで清潔な場所で、やはり手や口を浄《きよ》めてから、心を落ち着けて行いましょう。

写経で用いられる道具

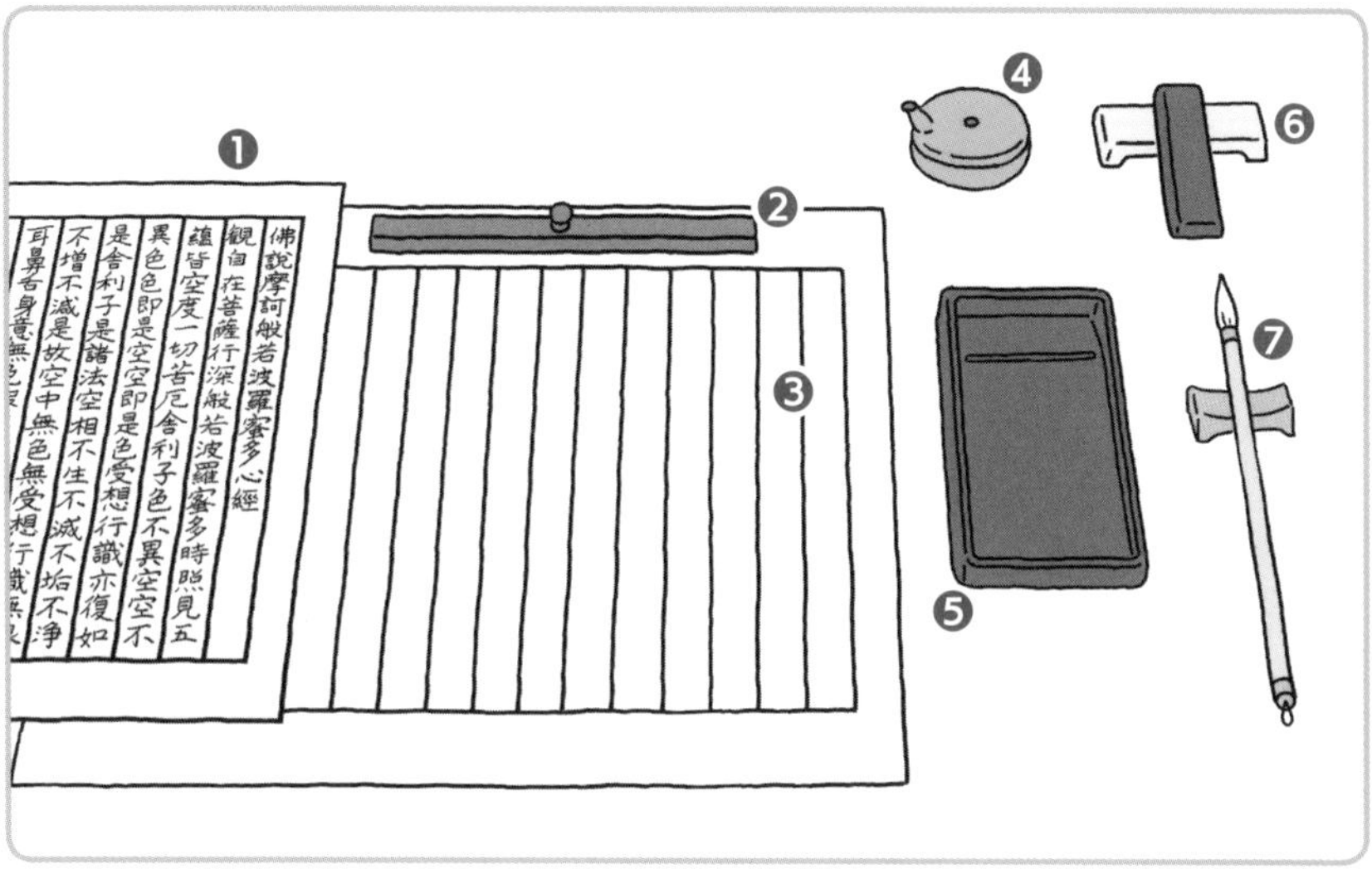

❶お手本　❹水さし（水滴）　❼筆、筆立て
❷文鎮　❺硯（すずり）
❸写経用紙　❻墨、墨台

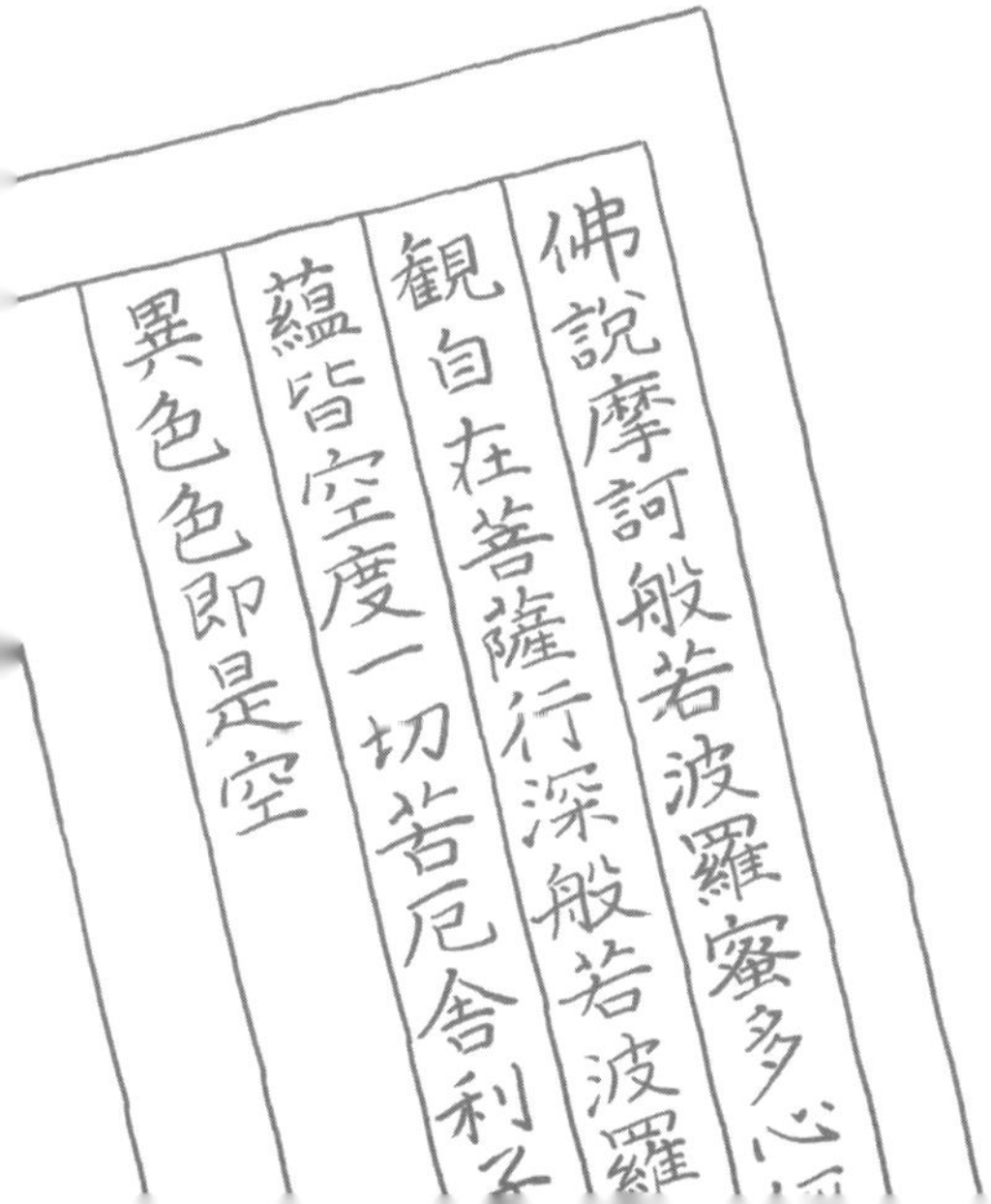

般若心経は何をいっているのか

般若心経を初めて見た人でも、お経の意味がわからない人でも、「空・無・不」という文字が多いことはひと目でわかるでしょう。

その印象から、なんとなく「ネガティブで悲観的なお経」だというイメージを持っている人も多いかもしれません。

個々の意味は第2章で解説していきますが、第1章の終わりに、般若心経には、なぜ否定に見える言葉がこんなに多いのかについて述べておきましょう。

般若心経には、わずか262文字のなかに、無が21回、不が9回、空が7回出てきます。

それらによって何を否定しているかというと、実は仏教の基本教理のすべてです。そもそもお経はお釈迦様の言葉なのですから、それによって仏教の教えのすべてを否定するというのは、本来ならばあり得ないことです。その真意はなんでしょうか。

基本教理は大切なものですが、それは、たとえるなら、遠くへ跳ぶための踏み台のようなものです。目的は跳ぶことであって、踏み台はそのための道具にすぎません。

跳ぶためには、踏み台を越えていかなければなりません。

「踏み台は大切で必要だけれど、いざ跳ぶときがきたら、それを乗り越えていかなければならない」

「般若心経」の意味内容は……

お釈迦様の言葉、般若波羅蜜多の心（真言）を説いたお経。

観自在菩薩（観世音菩薩・観音さま）が深遠な般若波羅蜜多の修行を実践しているとき
五蘊あり、しかもそれらは自性空であると見極めた。

一切の苦厄を度したもうたシャーリプトラよ、色とは別に空性はなく空性とは別に色はない。色はすなわち空であり、空はすなわち色である。受・想・行・識についてもまったく同様である。

シャーリプトラよ、（ここにおいて）存在するものはすべて空性を特徴としていて、生じたというものでなく、滅したというものでなく、汚れたものでなく、汚れを離れたものでもなく、足りなくなることなく、満たされることもない。

この故に、（シャーリプトラよ）空性においては色なく、受なく、想なく、行なく、識もない。眼耳鼻舌身意もない。色声香味触法もない。眼界から意識界に至るまで悉くない。（明知なく）無明なく、（明知の滅なく）無明の滅もない。老死（までの苦が生じる過程）はなく、老死の滅もない。苦・集・滅・道もない。知ることもなく、得ということもない。

（この故に）ここにはいかなるものもないから、菩薩は（菩薩の）般若波羅蜜多を拠り所として、心の妨げなく安住している。心の妨げがないので、恐れがなく、ないものをあると考えるような見方を超越していてまったく開放された境地でいる。

過去・現在・未来の三世に出現するすべての仏は般若波羅蜜多を拠りどころとして、無上の完全な悟りを成就している。

それ故に知るべきである。般若波羅蜜多の大いなるマントラ、大いなる明知のマントラ、この上ないマントラ、比類なきマントラはすべての苦を鎮めるものであり、真実なり、虚しからざる故に。

般若波羅蜜多の修行で唱えるマントラはすなわち（マントラは）次のとおりである。

掲諦掲諦、ガテー、ガテー、パーラガテー、パーラサンガテー、ボーディ、スヴァーハー。

以上で、般若波羅蜜多のマントラ、提示し終わる。

ということを、般若心経のなかの、一見、否定語に見える文字群は示しているのです。

　逆にいえば、般若心経のなかで否定されているものは、もともとはすべて必要なもの、なくてはならないものです。

　その先のレベルに引き上げる意味で、般若心経はそれらを否定しているのです。

　般若心経は、祈りの言葉（真言）を説くお経だといいました。

　観音様が真言を教示する内容になっているからですが、その全体もまた、祈りの言葉になっています。

　こうした二重構造を持つ般若心経の真意は、ずばり「祈りなさい」ということです。般若心経を唱えることで、どんな立ち位置、どんな修行段階にある人でも「より高みを目指せますよ」と教えてくれているのです。

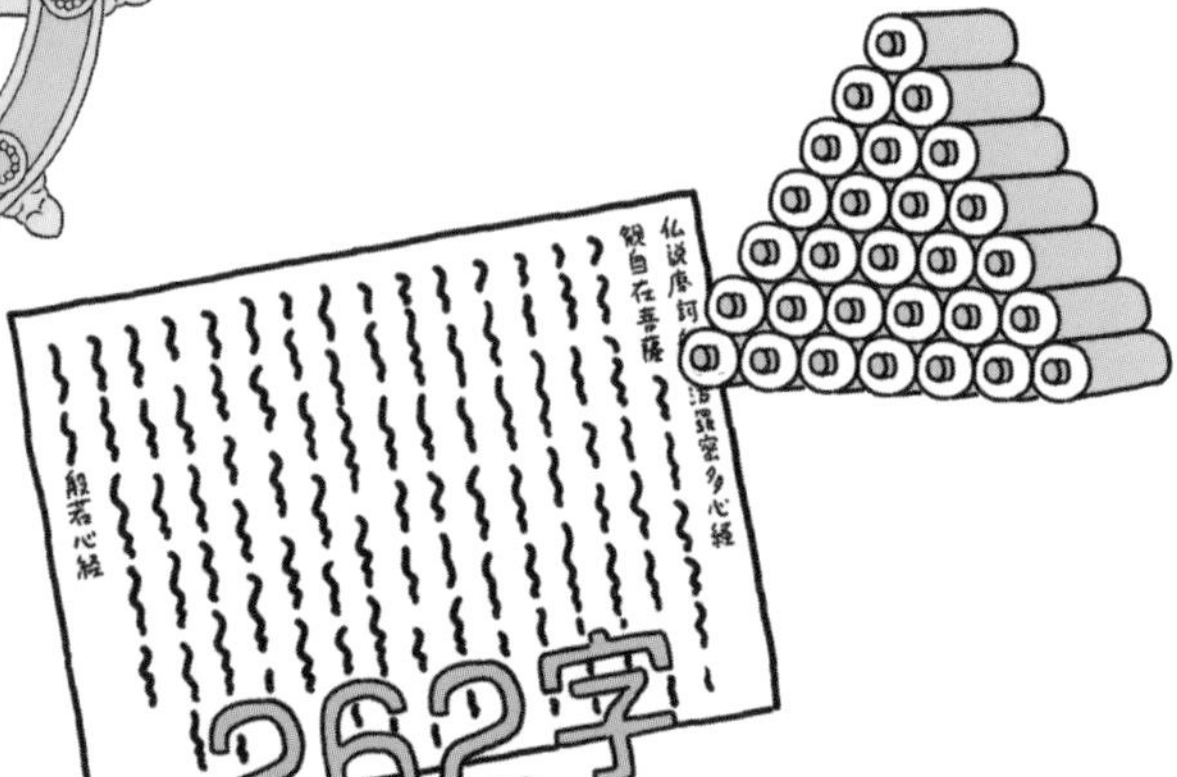

第2章　般若心経の教えを知る

経題（お経のタイトル）

仏《ぶっ》説《せつ》摩《ま》訶《か》般《はん》若《にゃ》波《は》羅《ら》蜜《み》多《た》心《しん》経《ぎょう》

一行目は経題《きょうだい》、つまりお経のタイトルです。実は、般若心経のサンスクリット原典の冒頭に題はありません。インドの古い書物では、冒頭に題は書かず、最後に「以上で〜終わる」と述べるのが一般的で、しいていえばこれが題にあたります。

般若心経の原典の最後には、「以上で『般若波羅蜜多心』終わる」とあり、それを冒頭に持ってきたのがこの経題です。流布本には、題を「般若心経」や「心経」としたものもあります。

「心」はマントラ（真言）を意味している

真言宗では、頭に「**仏説摩訶**」をつけるのが習わしです。仏説は「お釈迦様の教え」、摩訶は「大きい」という意味で、「般若波羅蜜多心」の偉大さを強調するために添えられた言葉です。

「（偉大な）般若波羅蜜多心」の般若は智慧、波羅蜜多は完成

訓《よ》み下し文

仏《ぶっ》説《せつ》摩《ま》訶《か》般《はん》若《にゃ》
波《は》羅《ら》蜜《み》多《た》心《しん》経《ぎょう》

意味

お釈迦様の言葉、般若波羅蜜多の心（真言）を説いたお経

＊「般若心経」の全文を巻末（124〜125ページ）に掲載しています。照らし合わせながら読むことをおすすめします。

【「数珠《じゅず》」はマントラの修行から生まれた道具】

古代仏教遺跡アジャンター石窟群にある壁画。数珠を使って唱えたマントラの回数を数える菩薩が描かれている。

を意味するので、「智慧の完成の心」と訳すこともできます。しかし、音写語を使ってあるのは、これが「心」にかかる固有名詞だからです。ここはそのまま、「**般若波羅蜜多という心**」と読みます。

ここでいう心は、心情や真髄《しんずい》などではなく、「心咒《しんじゅ》」を意味します。「咒《しゅ》」は般若心経の本文にも出てきます。呪の異体字ですが、般若心経では呪いの意味はなく、「マントラ」の漢訳です。マントラとは「祈りの言葉」のことで、現在は「真言」と訳されています。玄奘の時代には、この訳語が定まっておらず、「咒」や「心咒」を用いていたのです。

つまり、この経題は、「般若波羅蜜多のマントラ（真言）を説いたお経」という意味になります。

「お釈迦様の言葉」だが語り手は観音様

観《かん》自《じ》在《ざい》菩《ぼ》薩《さつ》

お経は難しく、わけがわからないと思われがちですが、実は**どのお経も、一幕もののドラマ**（劇）になっています。

般若心経も同じです。ただし、般若心経はやや特殊で、ドラマの舞台や設定の説明がなく、核心部分から始まっています。だからこそ短い文字数で深遠な内容を説けるのですが、より真の意味に近づくには、その前提を知っておくことが役立ちます。

訓《よ》み下し文

観《かん》自《じ》在《ざい》菩《ぼ》薩《さつ》が…

意味

観自在菩薩（観世音菩薩・観音さま）が…

般若心経には省かれている前段がある

実は玄奘訳の般若心経は、「小本」と呼ばれる核心部分のみのお経です。別に「大本」と呼ばれる前段・後段つきの般若心経が存在します。その最初には、こんな場面が描かれています。

霊鷲山《りょうじゅせん》という山の頂上にお釈迦様が坐し、聴衆は説法を待っていますが、お釈迦様は瞑想《めいそう》に入ったまま口を開かれません。

【大本で語られる般若心経前段の内容】

❶お釈迦様の登場

このように私は聞いています。
あるとき、お釈迦様はたくさんの弟子たちと霊鷲山にやって来られ、そこで、深い瞑想に入られました。

❷観自在菩薩の登場

ときあたかも、一緒におられた観自在菩薩という優れた菩薩は、深遠な般若波羅蜜多の修行を実践され、そのさなか、五蘊があり、それらは皆空であると見極められました。

❸舎利子の質問

そこで、長老の舎利子は神通力を使って観自在菩薩に、次のように質問しました。「もし、立派な者が深遠な般若波羅蜜多の修行をしたいと望む場合、どのようにすればよろしいでしょうか?」。

❹観自在菩薩の語り始め

すると、観自在菩薩は舎利子にお答えになりました。「そのためには、五蘊あり、しかも、それらは皆、空であると見極めなさい」と。

すると聴衆のひとり、観自在菩薩が、お釈迦様の瞑想に感応するように瞑想に入ります。小本の般若心経はここからはじまります。観自在は、観世音《かんぜおん》、観音《かんのん》ともいい、この名のほうが有名です。玄奘の時代からそうでしたが、玄奘は観自在と訳し直し、あえてこの名を用いました。

仏教史上、最も人気のある菩薩として信仰を集める観音菩薩ですが、ここでは在家の求道者のひとりとして登場します（もともと菩薩は「求道者」という意味）。

般若心経の主要な語り手は観自在菩薩ですが、その状況を導いたのはお釈迦様なので、やはり実質は仏説、つまり「お釈迦様の言葉」なのです。そして、「観《み》ること自在」という語り手の名は、ここからの展開に深く関わっていきます。

観音様が深い修行をしているときに起きたこと

行《ぎょう》深《じん》般《はん》若《にゃ》波《は》羅《ら》蜜《み》多《た》時《じ》

訓《よ》み下し文

深《じん》般《はん》若《にゃ》波《は》羅《ら》蜜《み》多《た》を行《ぎょう》ぜし時《とき》

意味

深遠な般若波羅蜜多の修行を実践しているとき

瞑想するお釈迦様にいざなわれるように瞑想に入った観自在菩薩。それは、深遠な「般若波羅蜜多」という修行でした。「その深い修行をしているときに」というのがこの部分の意味です。

文字列の意味はそれだけですが、続く部分（照見＝明らかに見極める）が、ここで起きた出来事を示しています。実は、この**瞑想のなかで、観自在菩薩はある修行を完成する**のです。

「見晴らしのよい高み」に到達した

観自在菩薩が到達したのは、「見晴らしのよい高みからの眺《ちょう》望《ぼう》（ヴィジョン）」とでもいうべき境地でした。「観ること自在」という名前が象徴する到達点といえます。

般若心経の大本では、この少しあとに舎利子《しゃりし》というお釈迦様の弟子が、「あなたの得たヴィジョンはどのようなものか」と

【仏教の到達レベルを４階建てにたとえたイメージ】

尋ねるシーンが出てきます。舎利子は、お釈迦様の一番弟子ですが、ここでは観自在菩薩に質問する役として登場します。

観自在菩薩が到達したのは、どんな境地だったのでしょうか。それは以後の般若心経で語られていきますが、ここでは４階建ての建物にたとえておきましょう。

観自在菩薩が到達した境地は、この建物の最上階である４階からの眺望でした。舎利子は３階におり、普通の大人は２階におり、自己形成のできていない幼児は１階にいます。１〜３階にいる者には観られないヴィジョンを、観自在菩薩は観たのです。次の言葉からは、そのヴィジョンの説明になります。４階建ての話は、後ほどまた出てきますので、イメージだけ覚えておいてください。

照《しょう》見《けん》五《ご》蘊《うん》皆《かい》空《くう》

「我が身は五蘊」「それらはすべて空である」と見極めた

訓《よ》み下し文

五《ご》蘊《うん》は皆《みな》、空《くう》なりと照《しょう》見《けん》して

意味

五蘊あり、しかもそれらは自性空であると見極めた

多くの宗教・哲学の根本的なテーマに「自己の究明」があります。〈私〉とは何か。自明のようですが、難しい問題です。自明のように思えるのは、通常は自分と他人を混同はしないからでしょう。「私が私である根拠」はどこにあるのでしょうか。

その根拠とされるのが「五蘊《ごうん》」です。蘊は難しい字ですが蘊《うん》蓄《ちく》の蘊で、「蓄える、奥深い」などを意味します。仏教では、〈私〉という主体を構成する基本要素というような意味で使います。

最上階で得た「皆、空なり」というヴィジョン

自分を自分たらしめているのは、「体がある」「感覚がある」「イメージを持つ」「深層意識がある」「判断をする」という五つだと、観自在菩薩は思い至りました。**これが五蘊で、般若心経ではそれぞれ「色《しき》」「受《じゅ》」「想《そう》」「行《ぎょう》」「識《しき》」として登場します。**

【自己とは何かを見極めるための五蘊皆空】

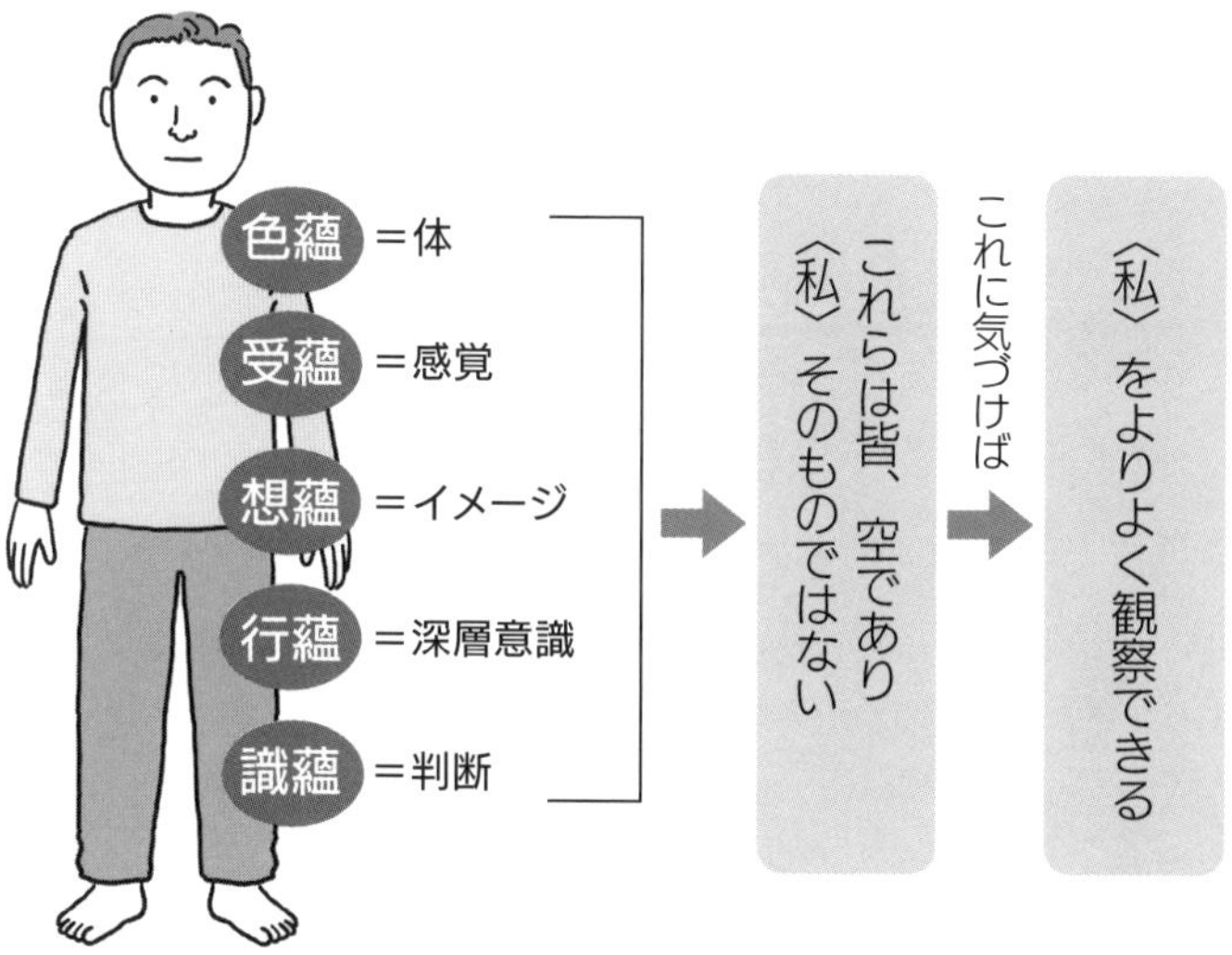
色蘊 ＝体
受蘊 ＝感覚
想蘊 ＝イメージ
行蘊 ＝深層意識
識蘊 ＝判断
これらは皆、空であり
〈私〉そのものではない
これに気づけば
〈私〉をよりよく観察できる

観自在菩薩はたんに自己の主体性を否定するのではなく、自己に対する正しい見かたを教えるのである。

「五蘊皆空」は、普通に読めば「（自分を構成する）五蘊は皆、空なり」です。しかし、原典によれば、まず「（我が身は）五蘊である」と見極め、次に「それらは空である」と見極めたのです。同じように思えますが、大きな違いです。

先ほどの４階建てのたとえでいえば、「（我が身は）五蘊なり」までは、舎利子のフロアでも到達しています。そこから１階登った最上階で得られるヴィジョンが「皆、空なり」だったのです。

「空」は、後ほど述べていきますが、般若心経の、そして仏教のきわめて重要な言葉です。ここでは、それは「〝空しい〟などという否定的・消極的な言葉ではなく、限りなく肯定的・積極的な言葉」だということだけ述べておきましょう。

人が持つすべての苦から解き放たれた

度《ど》一《いっ》切《さい》苦《く》厄《やく》

訓《よ》み下し文

一切《いっさい》の苦厄《くやく》を度《ど》せり

意味

一切の苦厄を度したもうた

「度一切苦厄」という部分は、現存するどのサンスクリット原典にもなく、玄奘より後代の漢訳にもありません。玄奘の前に般若心経を漢訳した鳩摩羅什《くまらじゅう》と玄奘の訳だけに存在します。

おそらく漢訳の際、最後のほうにある「能除一切苦（よく一切の苦を除く）」を強調するため、ここに挿入したのでしょう。その狙いどおり、重大なメッセージが伝わる一文です。

「苦＝思うままにならないこと」からの解放

「諸行無常《しょぎょうむじょう》（すべては流動変化する）」と並ぶ**仏教の根本命題が「一切皆苦《いっさいかいく》」**です。ここでいう苦は「楽しい」の対義語の「苦しい」ではなく、「思いのままにならない」という意味です。

「生まれること」「老いること」「病むこと」「死ぬこと」（生老《しょうろう》病死《びょうし》）という四つの根本苦を「四苦」といいます。これに、「愛

【思いのままにならない四苦八苦】

八苦

四苦

生苦
生まれ生きることの苦しみ

老苦
年老いることの苦しみ

病苦
病気を患う苦しみ

死苦
死ななければならない苦しみ

《人間の根本的な苦しみ》

愛別離苦
愛する者と別れ、離れることの苦しみ

怨憎会苦
憎らしい者と会わなければならない苦しみ

求不得苦
求めても得られないことの苦しみ

五取蘊苦
肉体と精神（五蘊）が思いどおりにならないことの苦しみ

《生きるうえでの精神的な苦しみ》

する者と別れる苦（愛別離苦《あいべつりく》）」「憎む者と会う苦（怨憎会苦《おんぞうえく》）「求めて得られない苦（求不得苦《ぐふとくく》）」「人間は五つの要素（五蘊）が仮に和合した存在で、本質的に思い通りにならないという苦（五取蘊苦《ごしゅうんく》）」を加えて八苦といいます。

　観自在菩薩はこれら一切の苦を「度したもうた」というのです。「度」は、ここでは「解き放たれる」という意味です。

「どんなヴィジョンを得たら、そんなことが可能になるのか」

「そのためにはどうすればいいのか」

　誰しもそう思うでしょう。大本ではその質問を、代表して舎利子がするという流れになっています。

　そして、次から観自在菩薩の答えが語られるのです。

舎利子《しゃりし》

舎利子に呼びかけながら答えが語られる

訓《よ》み下し文

舎利子《しゃりし》よ

意味

シャーリプトラよ

舎利子はサンスクリット語の発音では「シャーリプトラ」で、「シャーリという名の母の子」という意味。お釈迦様の十大弟子の筆頭で、「智慧第一」とも呼ばれるすぐれた人物です。

般若心経では、観自在菩薩の教えを受ける立場として描かれています。この設定にはどんな意味があるのでしょうか。

般若心経には小乗仏教の代表として登場

仏教は、インドの伝統的（正統）な哲学に対する巨大なアンチテーゼ（異端）として生まれました。形や感覚などの属性とは別に自己が存在すると考える伝統的哲学の「有我説」に対し、自己は五蘊に解体されるという「無我説」を唱えています。

ところが、すべては法《ほう》（ダルマ＝後述）のなかで生じていて実体がないとする「諸法無我」という教えに対し、今度は熱心

【部派仏教（小乗仏教）と大乗仏教の違い】

部派仏教

お釈迦様の入滅後、教団では派閥ができて分立し、部派仏教が形成。諸派は排他的となった。こうした態度は、大乗仏教の立場から、自分勝手に悟りの世界に渡ろうとする狭い教えだと批判された。

小さな乗り物なので「小乗」

大乗仏教

紀元前1世紀頃から、在俗信者たちを中心として新しい仏教復興運動が展開。出家しなくてもすべての人が救われるべきとし、人々を救う菩薩や現世での生きる知恵を説いた。

大きな乗り物なので「大乗」

に研修するあまり、法に固執する人たちが現れました。

その考えを小乗（小さい乗りもの）として批判し、さらに上の観点にたどりついたのが大乗仏教でした。それを高らかに宣言した教典が般若心経です。

実際には、諸法無我の境地に達するのも偉大なことです。それを成し遂げた舎利子が、ここでは小乗仏教の代表として登場しているのです。先の建物のたとえでいえば、3階にいる舎利子に、「一つ上の階もあるよ。こんな景色が見えるよ」と呼びかけているわけです。

これは、今を生きる私たちへの呼びかけでもあります。

それを、観自在菩薩の言葉を通じて述べていきましょう。

色《しき》不《ふ》異《い》空《くう》

「物質すべては空」とはどういうことか

訓《よ》み下し文

色《しき》は空《くう》に異《こと》ならず、

意味

色とは別に空性はなく

般若心経で、観自在菩薩は3回、「舎利子よ」と呼びかけています。漢訳では最後の呼びかけを省いていますが、原典では3回です。ということは、伝授の内容は大きく三つにわかれていると考えてよいでしょう。

ここから始まる最初のパートは、**観自在菩薩が見極めた「五蘊皆空」についての説明**です。五蘊とは、先にあげたとおり、「色」「受」「想」「行」「識」の五つです。それらがすべて「空」であることを、表現をかえながら説明しているのです。

煙に巻く表現は本当の意味を示していない

先に、観自在菩薩は、「我が身は五蘊なり」と見極め、次いで「それらは空である」と見極めたと述べました。ここでいう「色」は、「我が身」の構成要素としては「(物質的な)体」を

【智慧第一の仏弟子・舎利子の生涯】

誕生
バラモンの家に生まれる。

↓

勉学に励む
子供時代から学問に優れ、思想家サンジャヤに師事。

↓

仏教と出会う
アッサジからお釈迦様の教えの一部を聞き、すぐに悟る。

→

仏教に入門
弟子250人とともにお釈迦様に弟子入り。

↓

十大弟子となる
お釈迦様の教えを理論づける働きなどをし、後継者とみられる。

↓

死去
病に倒れ､お釈迦様より先に没する。

指しますが、広く物質界全体を指す言葉でもあります。

私たちが、目にして触れることができるすべてのものを「色」といいます。その物質的なもののすべては「空と別のものではない」、つまり「色＝物質すべて＝空」だといっているわけです。

「空」といえば、ふつうは「ない」ととらえるでしょう。しかし、ここの意味を「物質すべてではない」とすると、わけがわからなくなってしまいます。

「物質はあると思えばある。ないと思えばないのである」などと、煙に巻くかのような般若心経の解説書もありますが、実際の意味は違います。

これを理解するキーワードが、右ページの意味のところにある「空性《くうしょう》」です。

般若心経の「空」は「空性《くうしょう》」を意味している

空《くう》不《ふ》異《い》色《しき》

訓《よ》み下し文

空《くう》は色《しき》に異《こと》ならず

意味

空性とは別に色はない

「色不異空」を逆にいいかえたものが、この「空不異色」です。色、つまり物質すべては「空」と異ならない（同じ）と述べたあと、「空」は物質すべてと異ならない（同じ）と念押ししているわけで、ますます混乱しそうです。

「空」を「ない」ととらえるところから、その混乱が生まれています。「空」は「無」とは違います。

空性とは「スペースがある」という意味

水の入っていないコップがあるとします。この場合、「コップは空《くう》（から）」です。しかし、「コップは無《む》」ではありません。「コップが空である」ことと「コップが無い」こととは別です。

これが空《くう》と無《む》の違いです。インドでは、コップに水がないことを「コップには水の無がある」と表現します。コップに水が

【空の教えを説く般若経典とは】

大乗仏教の根本思想である「空」を説くのが般若経典。これらからエッセンスを抜き出したのが般若心経だ。

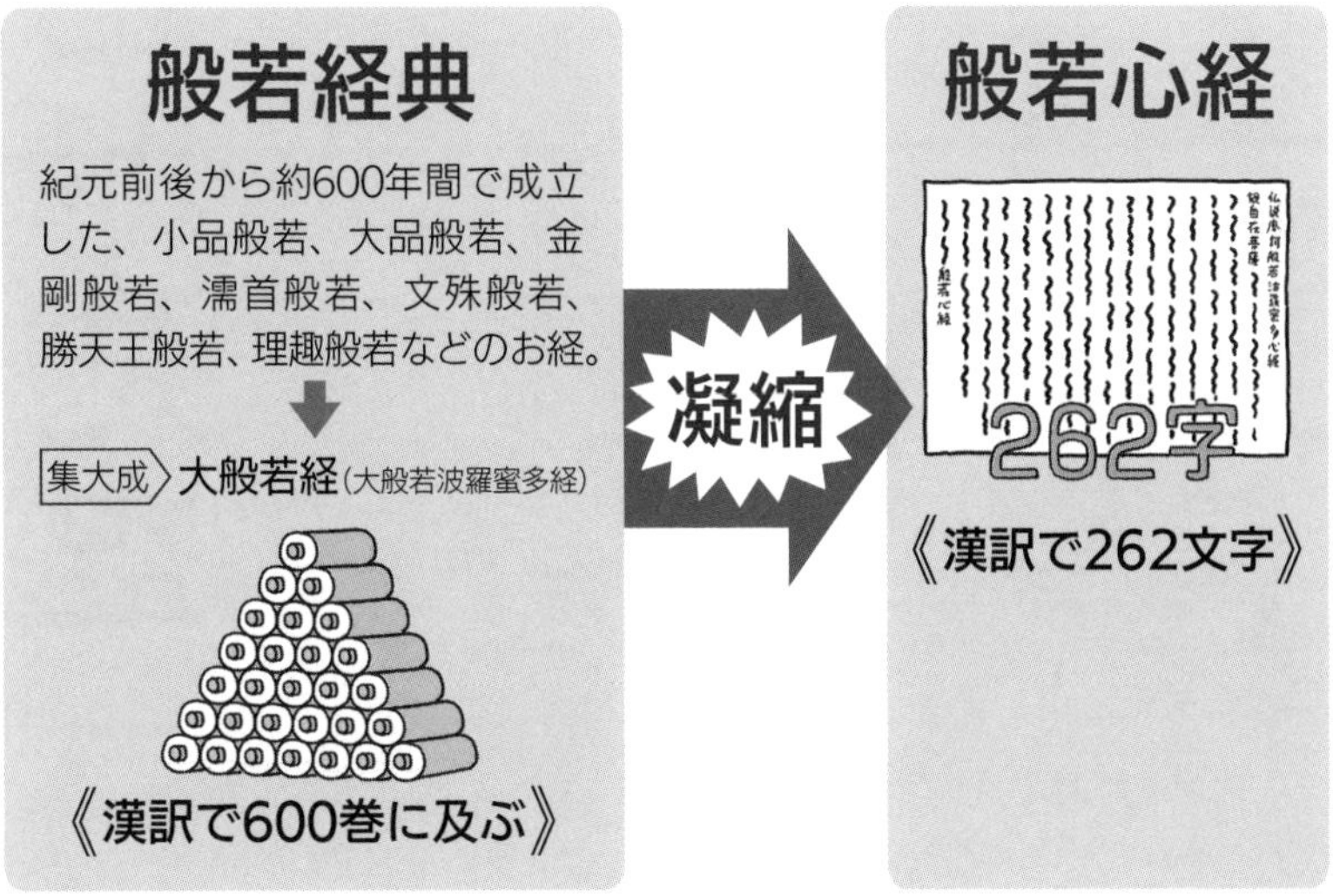
般若経典
紀元前後から約600年間で成立した、小品般若、大品般若、金剛般若、濡首般若、文殊般若、勝天王般若、理趣般若などのお経。
集大成
大般若経（大般若波羅蜜多経）
《漢訳で600巻に及ぶ》
凝縮
般若心経
262字
《漢訳で262文字》

あればコップは「水の場所」、水がなければコップは「水の無の場所」です。その「無の場所」が「空」なのです。

「コップが空であること」を「空である性質」という意味で「空性《くうしょう》」と呼びます。ですから、「空《から》のコップには空性がある」と表現できます。実は、般若心経で使われている「空」は、原語に照らしてより正確にいうと「空性」になるのです。

空性は「スペース」と理解してもけっこうです。「空《から》のコップにはスペースがある」ならわかりやすいでしょう。

すると、この部分の意味は「物質界にはスペースがある」となります。結局、まだわかりにくいのですが、４階から観自在菩薩が見た眺めにつながるイメージを感じて、先に進むことにしましょう。

仏教が掲げた最もユニークな概念が「空」

色《しき》即《そく》是《ぜ》空《くう》

訓《よ》み下し文

色《しき》すなわちこれ空《くう》

意味

色はすなわち空であり、

「色即是空」は、あまりにも有名なフレーズです。仏教にことさら関心のない方でも、一度は聞いたことがあるでしょう。すぐれた表現であり、存在感のある言葉ですが、**般若心経のなかでの位置づけは、先の「五蘊皆空」の内容説明**にすぎません。かつ、意味としては、すぐ前の「色不異空、空不異色」を強調して、「色は空である」とくり返しているだけです。

しかし、くり返すのは、それだけ「空」という概念が重要だからです。「空」についての話を続けることにしましょう。

スペースがあるから水が入り、両者は不可分

インドの宗教史上、仏教が掲げた最もユニークな概念が、「空」です。もっとも、空という言葉自体は、もともとインドではありふれた語の一つでした。インド人は、この言葉から、数学史

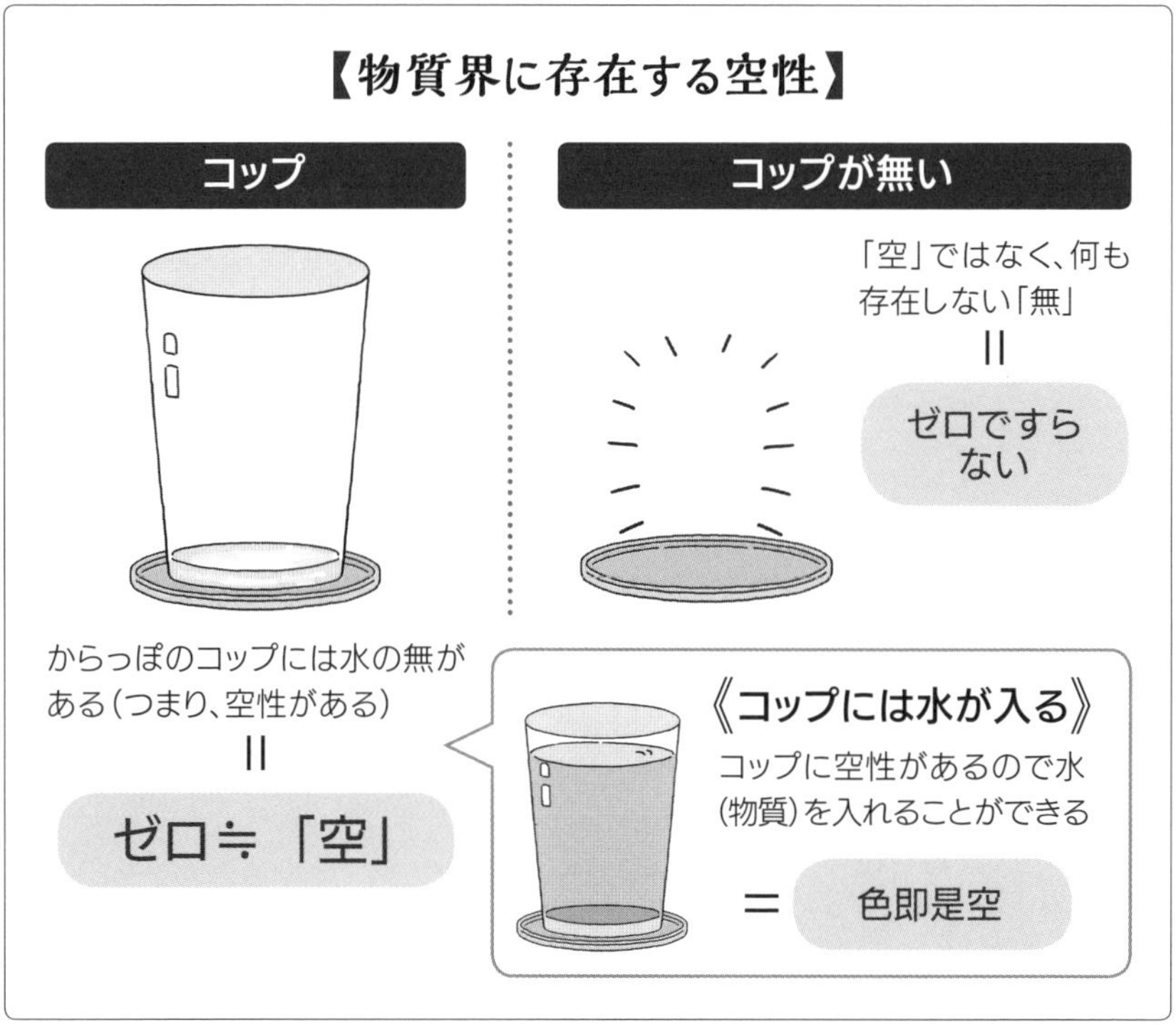
【物質界に存在する空性】
コップ
コップが無い
「空」ではなく、何も存在しない「無」
＝
ゼロですらない
からっぽのコップには水の無がある（つまり、空性がある）
＝
ゼロ≒「空」
《コップには水が入る》
コップに空性があるので水（物質）を入れることができる
＝
色即是空

上、最大の発見といわれる数学の「ゼロ」を導き出しました。一方、インド仏教は、瞑想の極地のヴィジョンとして、「空」を再発見したのです。

前項で、「空は空性（空であるという性質）を意味し、スペースと理解してもよい」と述べました。ならば「色（物質すべて）＝スペース」とはどういう意味でしょうか。

先ほどの例でいうと、コップに空性（スペース）がなければ、水が入る余地はありませんから、コップにおいて水と空性は不可分の関係にあります。

そこに**空性なくして水はありえず、水なくして空性は意味をなしません**。物質と空性の、このような関係性をいい表したのが、「色即是空」なのです。

空《くう》即《そく》是《ぜ》色《しき》

それぞれの階からの眺めがある

訓《よ》み下し文

空《くう》すなわちこれ色《しき》

意味

空はすなわち色である

「空即是色」は、いうまでもなく「色即是空」を逆にいいかえたものです。「コップにスペースがなければ、そこに水は存在できない。逆に、水（など何らかのもの）を入れるのでなければ、スペースの意味がない。すなわち、**形あるものすべては空性（スペース）と不可分である**」といっているわけです。

この意味を、さらに考えてみましょう。

自己への執着が「苦」を生み出している

般若心経では、たとえていうなら、建物の最上階である4階に到達した観自在菩薩が、そこからの眺望を伝授しているのだと述べました。この建物とは、〈私〉自身のことです。

1階は、まだ自己が確立されていない「幼児」のフロアです。

2階は自己が確立された一般的な大人の、いわば「世間」のフ

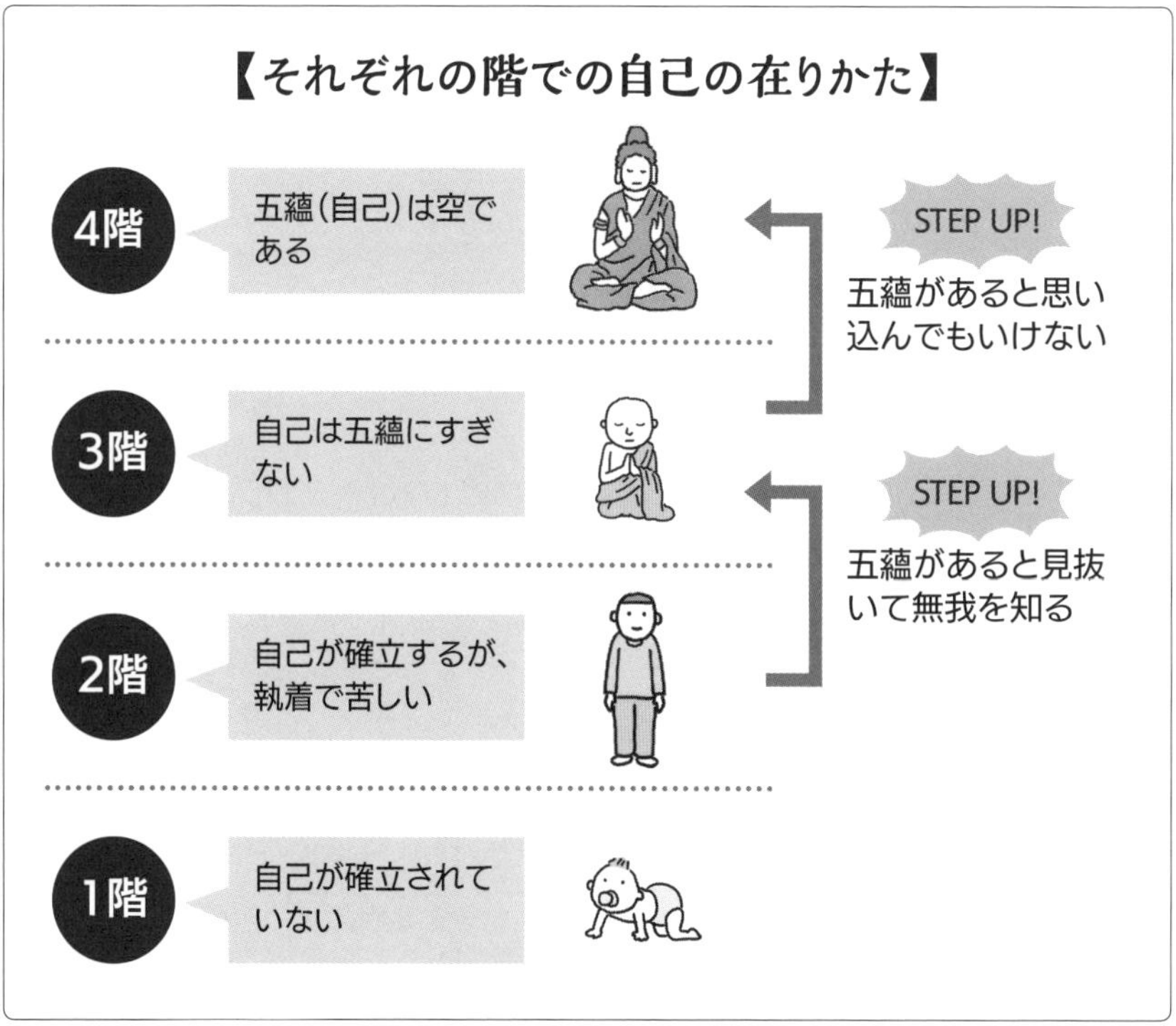
【それぞれの階での自己の在りかた】
4階
五蘊（自己）は空である
3階
自己は五蘊にすぎない
2階
自己が確立するが、執着で苦しい
1階
自己が確立されていない
STEP UP!
五蘊があると思い込んでもいけない
STEP UP!
五蘊があると見抜いて無我を知る

ロアです。3階は小乗仏教をおさめた舎利子のフロアです。そして4階が、観自在菩薩が到達した大乗仏教のフロアです。

自己の確立は、人としてとても大事なことです。しかし、2階では、それが「自己の執着」を生み、「苦」につながっています。3階は、「自己は五蘊にすぎない」ことが見えるフロアです。

さらに4階では、「五蘊もまた空（空性、スペース）にすぎないことが見えます。有名な「色即是空」を含むここのパートは、そのことを語っているのです。

ただし、1階、2階、3階からの見え方を否定も批判もしてはいません。建物は、下の階がなければ上の階は存在しません。**それぞれの階から眺めがあり、1階ずつ登っていくしかない**のです。

精神世界の要素もすべて同じ

受《じゅ》想《そう》行《ぎょう》識《しき》　亦《やく》復《ぶ》如《にょ》是《ぜ》

訓《よ》み下し文

受《じゅ》想《そう》行《ぎょう》識《しき》も、
またまた
かくのごとし

意味

受・想・行・識についても
まったく同様である

『色』について述べたことは、『受・想・行・識』についても同じ」と述べています。あえて書くなら以下のようになります。

「受不異空　空不異受　受即是空　空即是受」
「想不異空　空不異想　想即是空　空即是想」
「行不異空　空不異行　行即是空　空即是行」
「識不異空　空不異識　識即是空　空即是識」

枠組みがなくなることが「空」の本義

先の五蘊の説明で、自分自身は「体」「感覚」「イメージ」「深層意識」「判断」の五つの要素でできており、般若心経では「色・受・想・行・識」と表現していると述べました。そのあと、色は物質すべてをも意味するといいました。受・想・行・識も同じで、自己の精神要素とともに精神界全体を指します。

【空の本当の意味は「開放的な広がり」】

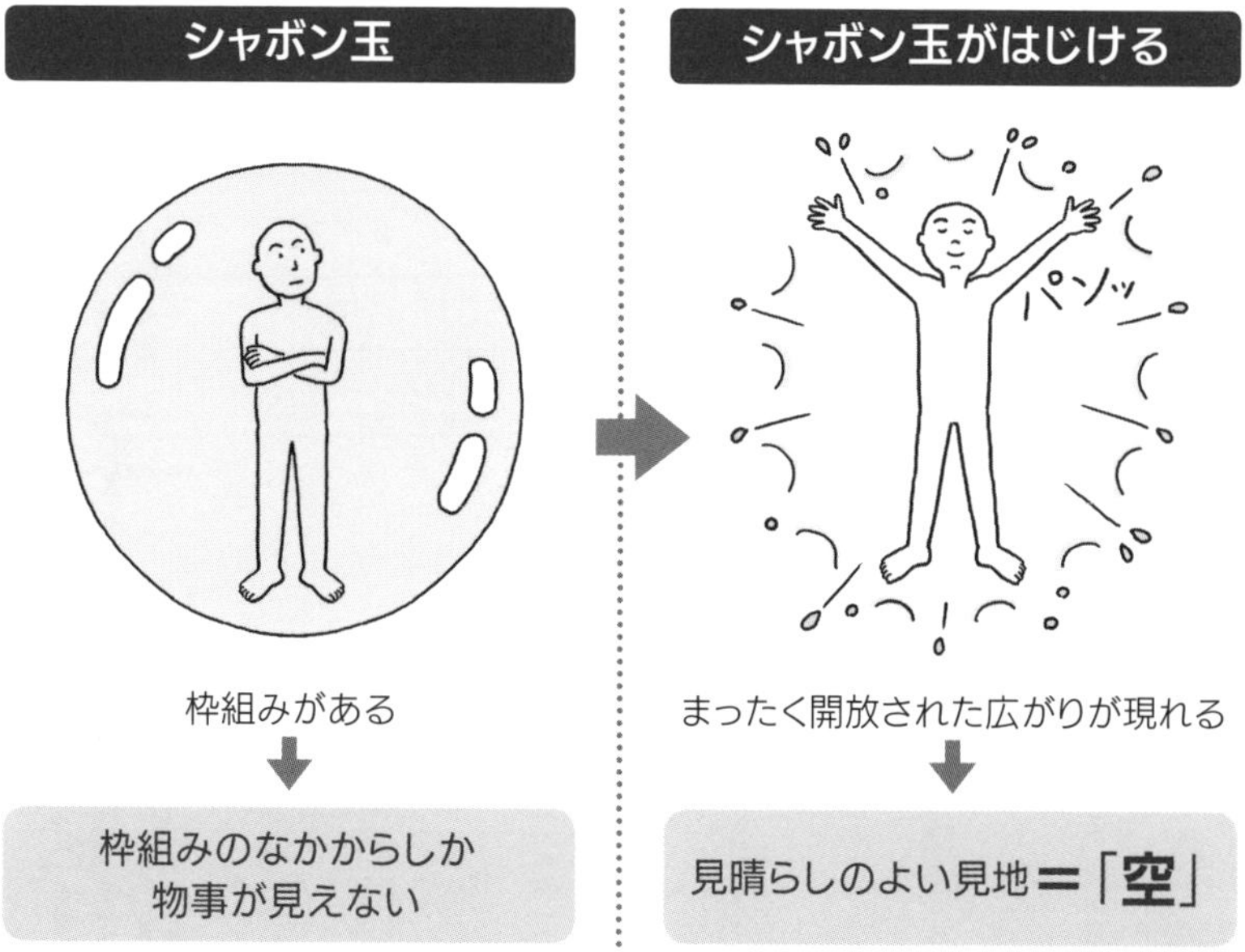
シャボン玉
枠組みがある
枠組みのなかからしか
物事が見えない
シャボン玉がはじける
パンッ
まったく開放された広がりが現れる
見晴らしのよい見地＝「空」

つまり、**目に見えるもの、目に見えないもの、あらゆるものが「空性」**ということになります。ただし、それは、自分や世界がコップのような入れもので、なかがからっぽという意味ではありません。「五蘊皆空」の意味のところにあげましたが、原典ではここに「自性」という語が挟まっています。自性とは「それ自体」という意味です。

つまり、透明なコップのような境目すらも空性になった状態が五蘊皆空です。自分のさまざまな要素が、シャボン玉のようにスペースを広げて膨《ふく》らみ、ポンと弾けたところを思ってみてください。

すべての枠組みはなくなり、無限に広がっていきます。この「枠がない」ということこそ、「空」の本義なのです。

舎《しゃ》利《り》子《し》 是《ぜ》諸《しょ》法《ほう》空《くう》相《そう》

存在するすべてとそのつながりも「空」

訓《よ》み下し文

舎《しゃ》利《り》子《し》よ
この諸《しょ》法《ほう》は
空《くう》相《そう》なり

意味

シャーリプトラよ
(ここにおいて) 存在するものは
すべて空性を特徴としていて

ここからが二つ目のパートになります。この部分には「諸法」という言葉が出てきます。覚えておられるでしょうか。「諸法」については、最初の舎利子への呼びかけのところで、少し触れました。**「法」は、仏教では大変重要な言葉**であり、般若心経でも大切なカギになる言葉です。

幅広い意味を持つ法(ダルマ)という言葉

「法」はサンスクリット語では「ダルマ」といいます。ダルマは多様な意味を持つ言葉で、漢訳の示す「法則」や「規範」のほか、「正義、善、教え、性質」など、幅広い意味を持っています。その原意は「保持されるもの」です。また、インドの哲学用語では「存在するもの」を意味します。

「正義」などは、保持されてそこに存在することから生まれた

【インド人が使う「ダルマ」の本来の意味】

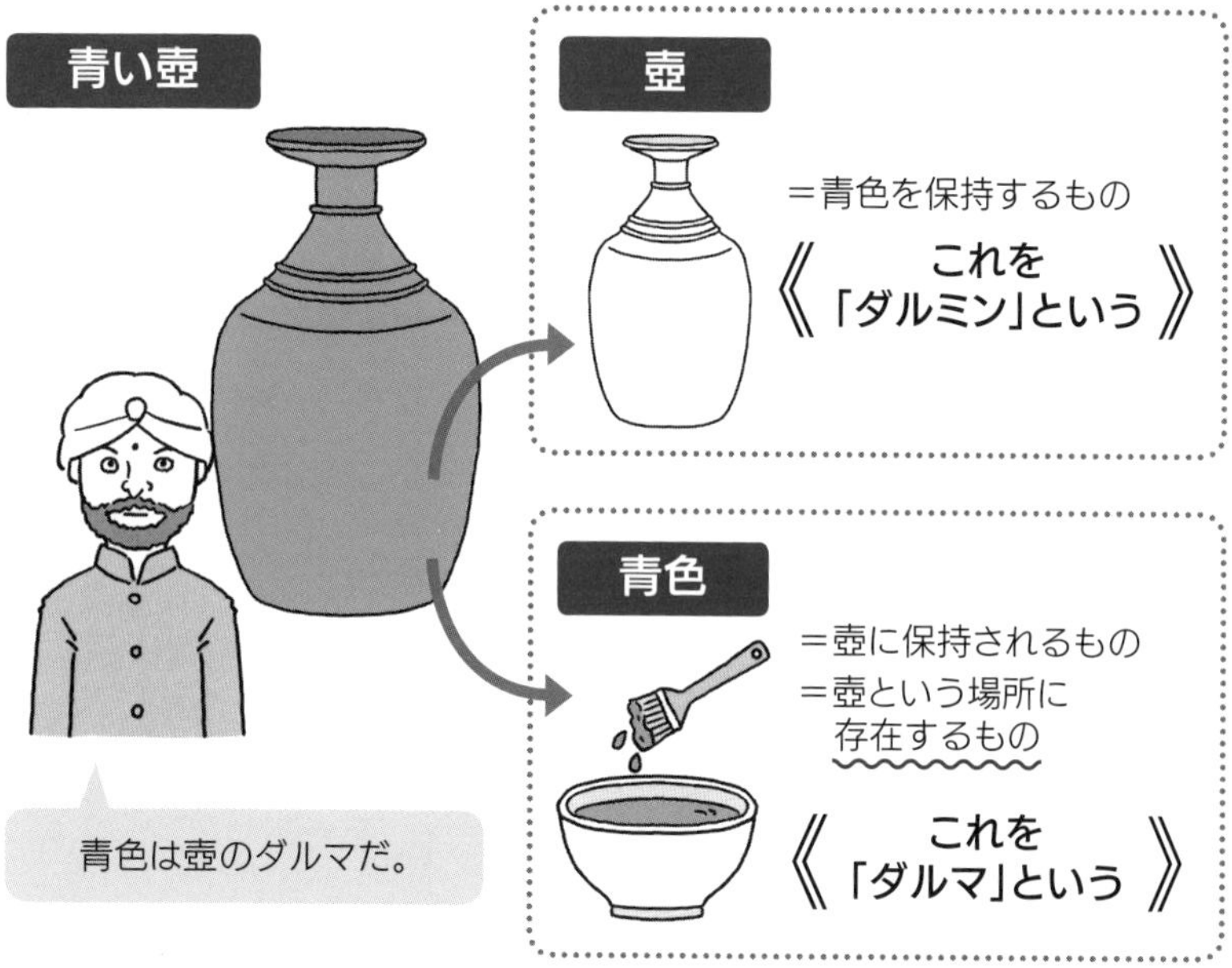
青い壺
壺
＝青色を保持するもの
《これを「ダルミン」という》
青色
＝壺に保持されるもの
＝壺という場所に存在するもの
《これを「ダルマ」という》
青色は壺のダルマだ。

語義です。

　ですから、**諸法の根本的な意味は、「もろもろの存在するもの」、「存在するものすべて」**ということになります。

　空相とは「空を特徴としている」という意味です。つまり、この部分は「存在しているすべては、空を特徴としていて」という意味になります。

　仏教でいう「法」は、お釈迦様の成道（悟りを開くこと）によって明らかにされた「物事のつながり」という意味でも使われます。それを説くのが説法です。

　最初の舎利子への呼びかけのところで述べた「諸法に固執する」とは、この意味での法に固執して実在視することでした。「諸法は空相」は、その人たちへの呼びかけにもなっているのです。

意味を辞書的にとらえると誤ってしまう

不《ふ》生《しょう》不《ふ》滅《めつ》

訓《よ》み下し文

不《ふ》生《しょう》にして不《ふ》滅《めつ》

意味

生じたというものでなく、滅したというものでなく

般若心経には、ここから「六不《ろっぷ》（六つの否定）」が登場します。その最初が「不生不滅」です。そのまま読めば「生じない、滅しない」、いいかえれば「生まれない、死なない」となります。

辞書には、「生じもせず滅しもせず常住であること」と記されています。この説明からは、「永遠にかわらない」とも解釈できそうですが、般若心経における意味はそうではありません。

ただ広々とした展望を語っている

般若心経の解説書のなかにも、不生不滅について、「はじめも終わりもないということで、永久・永遠なものを指す」というような記述が見受けられます。しかし、これは、般若心経の解説としてはまったく違っています。そもそも「永遠のものはない」というのが基本的な般若心経の観点なのですから、真逆

【「永遠のものはない」という諸行《しょぎょう》無《む》常《じょう》の教え】

仏教の根本思想

諸行無常

現世のあらゆる物事は、種々の原因や条件によって一時的につくりだされているものであり、絶えず変化し続ける。

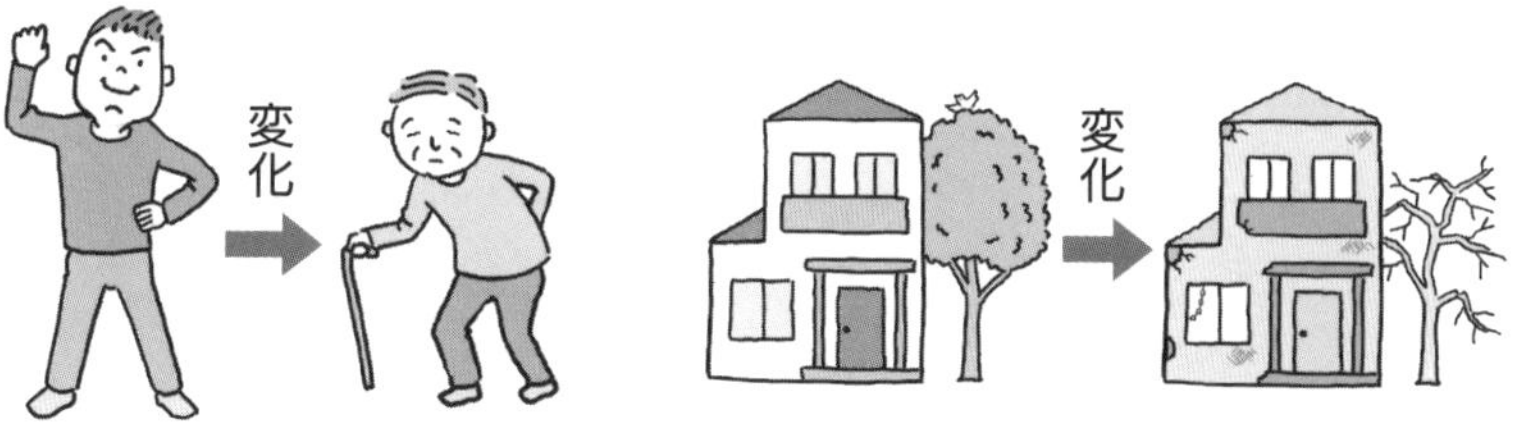

人も、物事も、永遠のものはない!

とさえいえます。

再び4階建ての建物のたとえで説明しましょう。

2階の世間のフロアで見れば、自分を含めた世のなかのものは、当然、生じたり滅したりしています。

3階のフロアで見れば、自己は解体され、諸法があるのみですが、今度は諸法が生じたり滅したりしています。

それを4階のフロアで見れば、もはや生じることも滅することもありません。シャボン玉がはじけるように、物事の枠組みが消滅してしまっているからです。

これが「不生不滅」の意味です。**永遠や永久などということではありません。ただ広々とした展望を語っている**のです。

不垢不浄《ふくふじょう》

普通なら当然のことがなくなる世界とは

訓《よ》み下し文

不《ふ》垢《く》にして不《ふ》浄《じょう》

意味

汚れたものでなく、汚れを離れたものでもなく

「六不」の続きは「不垢不浄」です。「垢《あか》がついて汚れることもなければ、きれいになることもない」という意味です。

ふつうの世界に暮らす私たちの常識からすれば、あり得ないことです。生きていれば垢がつき、入浴してきれいにします。私たちはそういう世界に生きています。ところが、これも不生不滅と同じで、観自在菩薩は「起こらない」と説くのです。

自分にも法にもとらわれないヴィジョン

本書でたとえている4階建ての建物は、実はある仏伝レリーフがヒントです。お釈迦様がはじめて説法をされた場所として知られるサールナート（インド北東部）の考古博物館にあるレリーフで、**お釈迦様の誕生、修行、初説法、入滅《にゅうめつ》（逝去）の様子が、4階建ての建物のような構図に描かれています**。これを

ヒントに、〈私〉の象徴としたのが４階建てのたとえです。

その２階、世間のフロアでは、当然、絶えず垢がついたり、きれいになったりしています。３階では、自己は解体されていますが、諸法が垢づいたり、浄化されたりしています。

それを４階で見れば、自己も諸法も枠組みすらなくなっているので、「**垢づくことも浄化することもない**」というのが、この部分の意味です。

自分という枠組みがあるからこそ苦しみが生まれます。それを手放すことができても、「法」にとらわれると、大切なものを見失いかねません。「もっと見晴らしのいい上層部があるよ」と般若心経は語りかけているのです。

【サールナート考古博物館の仏伝レリーフ】

大いなるメッセージを読み取ろう

不《ふ》増《ぞう》不《ふ》減《げん》

訓《よ》み下し文

不《ふ》増《ぞう》にして不《ふ》減《げん》なり

意味

足りなくなることなく、満たされることもない

六不の最後は「不増不減」です。「増えもせず減りもしない」ということです（ただし、原典では不減不増の順）。

これを、たとえば「自分のお金が増えたり減ったりしても、流通しているお金は一定量であるから一喜一憂することはない」などとする解説書もあります。しかし、これは2階からの視点で解釈しているにすぎません。ここまでの説明でおわかりのとおり、実際には**「不増不減」も、観自在菩薩が観た4階からのヴィジョンを伝えている**のです。

問題はそこにあるものを「どう見るか」

般若心経をさまざまな観点から解釈し、「何ごとにもこだわるな」といった処世訓を引き出すことも可能です。ほとんどの解説書はそのようなものですが、それはあくまでも2階の世間

【お釈迦様の足跡が残るインドの四大聖地】

ルンビニー《誕生の地》

お釈迦様の産湯に使われたという池などが残る。

ブッダガヤー《悟りの地》

マハーボーディ寺院が建てられている。

サールナート《初説法の地》

13世紀頃まで栄えた僧院の遺跡が残る。

クシナガラ《入滅の地》

パリニッバーナ寺院が建てられている。

レベルの話です。

「その上に3階、4階がある。この見晴らしのいいところに昇ってきてごらん」という語りかけが般若心経です。

このパートのはじめ、舎利子への呼びかけのあとの原文には「ここにおいて」という言葉があります。「ここ」とは観自在菩薩のいる4階(に象徴される次元)という意味でしょう。その大いなるメッセージを読み取りたいものです。

その観点では、2階や3階でめまぐるしく起きている「生滅垢浄増減」も、「不生不滅不垢不浄不増不減」となるのです。

ただし、4階は階下を含みます。自己も諸法も消滅したわけではなく、そこにあります。問題はそれらを「どう見るか」、つまり観点とヴィジョンなのです。

「無」のオンパレードが示すものとは

是《ぜ》故《こ》空《くう》中《ちゅう》　無《む》色《しき》

訓《よ》み下し文

この故《ゆえ》に
空《くう》の中《なか》には色《しき》なく

意味

この故に、（シャーリプトラよ）
空性においては色なく

漢訳では省略されていますが、ここで3回目の舎利子への呼びかけがあります。つまり、ここからが舎利子に伝授される第3のパートというわけです。

その冒頭では、「空のなかには色はない」と述べています。「色」は「自分の体や物質的なものすべて」という意味でした。

普通に読めば、「スペース（からっぽ）のなかには何もものがない」となり、当然すぎて意味がないようにも思えます。「空のなかには」とはどういう意味なのでしょうか。

「ない」ものを一つずつあげていく手法

〈私〉を象徴する建物のなかで、観自在菩薩は、自分やものの枠組みを取り払って観ることができる4階の世界にいます。

「空のなかでは」は、観自在菩薩がいる「その4階でのヴィジョ

【本文中21回も出てくる「無」という言葉】

仏説摩訶般若波羅蜜多心経
観自在菩薩行深般若波羅蜜多時照見五
蘊皆空度一切苦厄舎利子色不異空空不
異色色即是空空即是色受想行識亦復如
是舎利子是諸法空相不生不滅不垢不浄
不増不減是故空中無色無受想行識無眼
耳鼻舌身意無色声香味触法無眼界乃至
無意識界無無明亦無無明尽乃至無老死
亦無老死尽無苦集滅道無智亦無得以無
所得故菩提薩埵依般若波羅蜜多故心無
罣礙無罣礙故無有恐怖遠離一切顛倒夢
想究竟涅槃三世諸仏依般若波羅蜜多故
得阿耨多羅三藐三菩提故知般若波羅蜜
多是大神咒是大明咒是無上咒是無等等
咒能除一切苦真実不虚故説般若波羅蜜
多咒即説咒曰
掲諦掲諦　波羅掲諦　波羅僧掲諦　菩提娑婆賀
般若心経

これだけ「無」が多いと、一見、否定的なお経に見えるかもしれないが、空の思想をていねいに説くためには必要なのである。

ンでは」という意味ととらえることができるでしょう。

つまり、**最初のパートで述べた「色即是空」、2番目のパート述べた「諸法空相」を、さらに突き詰めて語ろうとしている**ことがわかります。

どう突き詰めるのか。それは、そこに「ない」ものを一つ一つあげていくという手法によります。そのため、ここ以降には「無」という文字が続きます。

わずか262文字の般若心経に、「無」は21個もあり、そのほとんどが、このパートで「ないもの」をリストアップしていくことに使われています。

その最初が「色（物質的なものすべて）」です。ほかには「何がないのか」、見ていくことにしましょう。

無《む》受《じゅ》想《そう》行《ぎょう》識《しき》

ここからは「無」のオンパレードになります。

前に空の説明をしたとき、「空と無とは違う」といいました。それなのに、このパートで「無」のオンパレードになるのはなぜなのか。それを理解するカギは、このパートの最初にある「空中（空のなかには）」です。

訓《よ》み下し文

受《じゅ》想《そう》行《ぎょう》識《しき》なく

意味

受なく、想なく、行なく、識もない

〈私〉を突き詰めると〈私〉はなくなる

前項で、「空のなかには」の意味は、「観自在菩薩がいる4階でのヴィジョンでは」ととらえることができるといいました。

「無い」とは、もともとは「有る（有った）」ことが前提になっています。もともとないものは、名称さえあげられませんから。

「2階には日常の姿で有った」「3階には姿がかわったが有った」「4階の視点では空性になり、枠組みまで無くなった」という

【「五蘊がない」ということ】

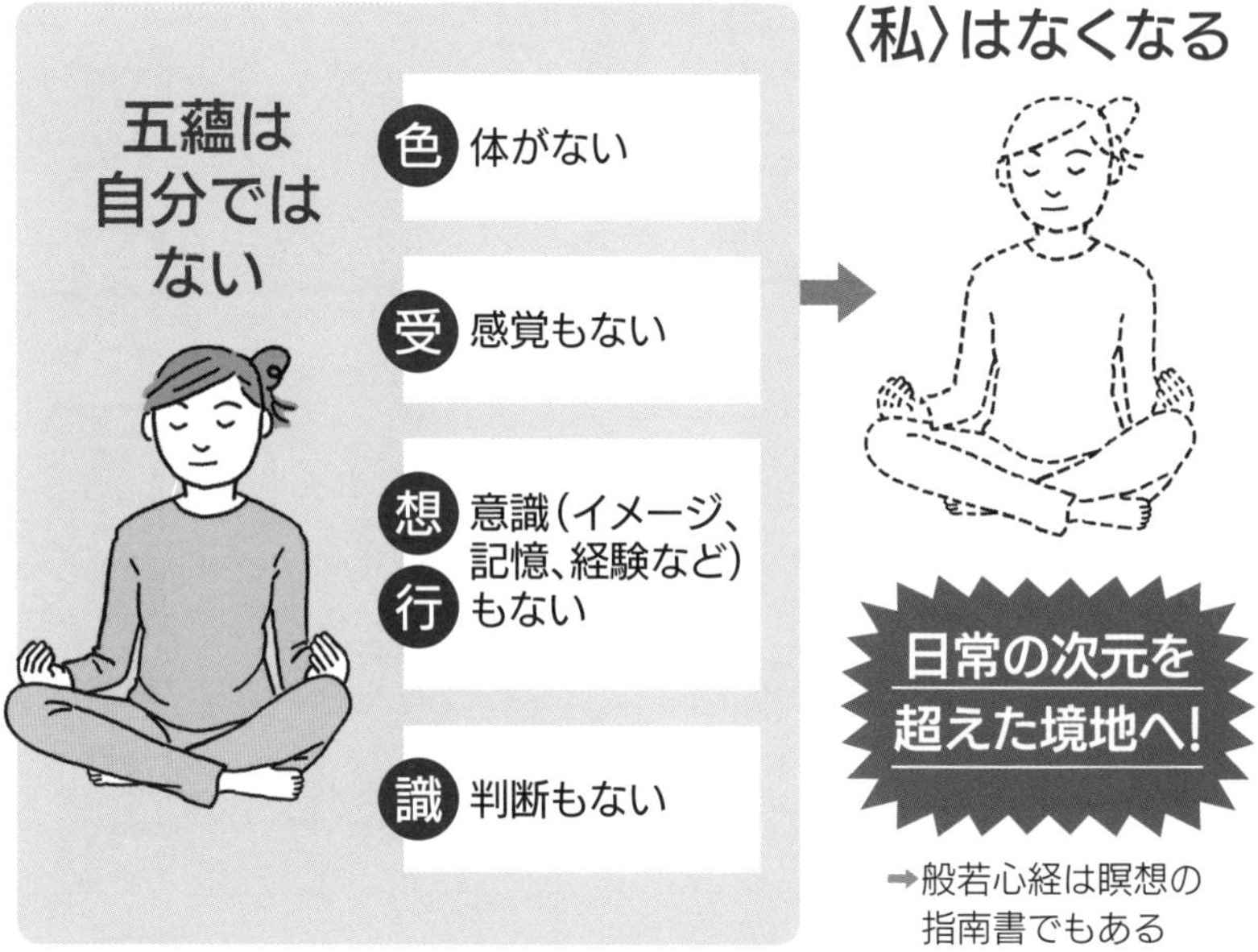
五蘊は
自分では
ない
色 体がない
受 感覚もない
想 意識（イメージ、
記憶、経験など）
行 もない
識 判断もない
〈私〉はなくなる
日常の次元を
超えた境地へ！
➡般若心経は瞑想の
指南書でもある

一連の流れを示すため、最初は「空」といい、**ここからはないものを綿密にあげている**のです。

智慧の箱を開けたら1段深い智慧があり、その箱を開けたらさらに深い智慧が……と、入れ子構造のような説明がされているのです。その深みや高みの変化を味わえるのも、般若心経の醍醐味です。

この部分では、五蘊の枠組みの消滅を、改めて述べています。五蘊は、〈私〉が〈私〉である根拠です。しかし、「私は体」ではありませんし、「私は感覚」「私はイメージ」「私は深層意識」「私は判断」のどれも違っています。〈私〉を突き詰めると、〈私〉はなくなる。

それが般若心経の底流にあるヴィジョンです。

無《む》眼《げん》耳《に》鼻《び》舌《ぜつ》身《しん》意《に》

六根と呼ばれる「六つの感覚」がない

訓《よ》み下し文

眼《げん》耳《に》鼻《び》舌《ぜつ》身《しん》意《に》なく

意味

眼耳鼻舌身意もない

インドでは、お釈迦様の入滅後、100年以上たってから、諸法を精緻《せいち》に分析していくことが盛んに行われました。

それは、「〈私〉とは何か」という問いに答えたもので、結論としては、「〈私〉を分析していくと、さまざまな要素の仮の集合体にすぎなくなる」というところに行き着きました。

集合している要素の、一つの解釈が「五蘊」ですが、ほかにも「十二処《しょ》」というものに〈私〉は解体できると研究者たちは考えました。それが、般若心経のこの部分に深く関係しています。

五感＋意識を〈私〉の根拠と考えた

「処」は、サンスクリット語の原意から、「〈私〉の根拠」と解釈できます。十二処のうち六つは、人間に備わった「視覚、聴覚、嗅覚、味覚、触覚」という五感に、「意識」を加えた六

【人間の六つの器官＝眼・耳・鼻・舌・身・意】

仏教では、六つの器官（六根）は迷いを起こさせる原因にもなるとする。登山は六根を清めるための修行である。

つの感覚機能です。

これを六根《ろっこん》、または六内処《ろくないしょ》といいます。六根を象徴的に示したのが「眼・耳・鼻・舌・身・意」の6文字です。

ちなみに、修験者《しゅげんしゃ》が山登りをするときは「六根清浄《ろっこんしょうじょう》」と唱えます。これは、六根がそれぞれの対象（見るもの・聞くもの…）への執着を断って清められるという意味で、「どっこいしょ」の語源ともいわれています。

般若心経のこの部分では、その六根が「ない」といいきっています。五感や意識を否定したり、眼や耳などがなくなるといったりしているのではありません。〈私〉の要素としての六根に執着する考え方に対し、それすらも「ない」といえる次元があることを教えているのです。

無《む》色《しき》声《しょう》香《こう》味《み》触《そく》法《ほう》

六境と呼ばれる「六つの対象」もない

訓み下し文

色《しき》声《しょう》香《こう》味《み》触《そく》法《ほう》なく

意味

色声香味触法もない

前項であげたとおり、眼（視覚）、耳（聴覚）、鼻（嗅覚）、舌（味覚）、身（触覚）、意（意識）という六つの感覚は、六根または六内処と呼ばれます。

それに対し、**六根がとらえる六つの対象を、六境《ろっきょう》、または六《ろく》外処《げしょ》といいます。それが十二処の残り六つにあたります。**

般若心経のこの部分では、その六境について述べています。

自我の檻《おり》からもう一度心を解き放つ

六境とは、視覚によってとらえる「形状や色彩」、聴覚によってとらえる「音や声」、嗅覚でとらえる「匂いや香り」、味覚でとらえる「味わい」、触覚でとらえる「感触」、意識でとらえる「すべての対象」を指します。

これらを象徴的に示したのが「色・声・香・味・触・法」の

【六根がとらえる感覚の対象「六境」】

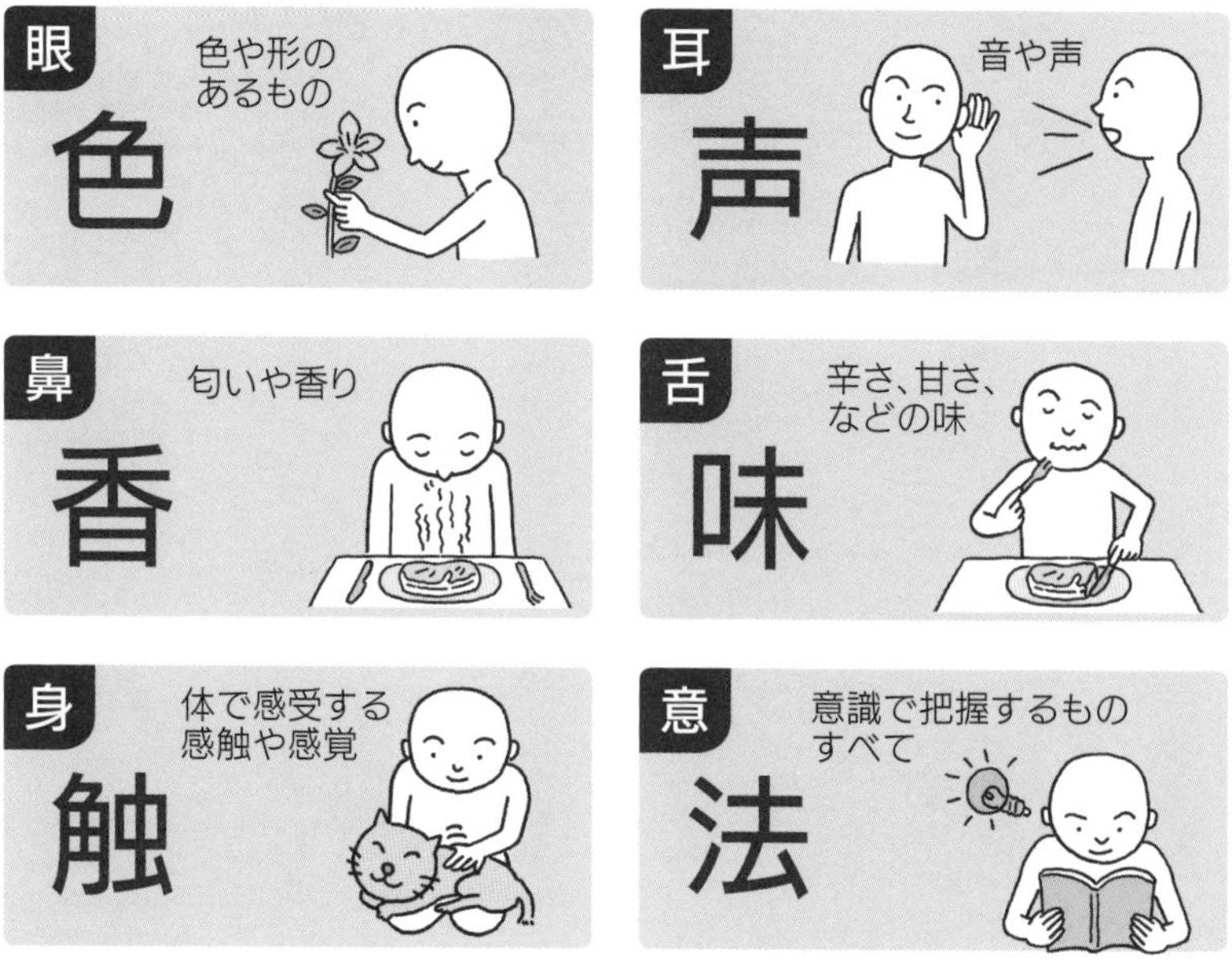

6文字です。これらもまた「ない（とらえられる次元がある）」と般若心経は説きます。

注意したいのは、ここで人間の感覚やその対象が「ない」と述べているからといっても、般若心経は何も感じとれない殺伐とした世界を描いているわけではないということです。

自我の檻に閉じ込められていた人が、そこから解き放たれたと思ったけれども、今度は自分の「根拠」にこだわって再びしばられている小乗仏教の観点に対し、再び解き放ったのが大乗仏教、すなわち般若心経の観点です。

その意味を知り、ここに並ぶ「無」の連続によって、解き放たれる感覚を味わってみてください。

六識を加えた「十八界」すべてがない

無《む》眼《げん》界《かい》 乃《ない》至《し》無《む》意《い》識《しき》界《かい》

訓み下し文

眼《げん》界《かい》なく、ないし意《い》識《しき》界《かい》なく

意味

眼界から意識界に至るまで悉くない

ここまで述べた〈私〉の根拠としての十二処は、「眼・耳・鼻・舌・身・意」の六根（六つの感覚）、及び「色・声・香・味・触・法」の六境（感覚の対象）でした。実は、諸法の研究者たちが〈私〉の根拠としたものには、さらに六つの要素がありました。

それは、「六根が六境を認識する作用」で、「六識《ろくしき》」と呼ばれます。六根・六境の十二処に、六識を加えたものを「十八界《じゅうはちかい》」といいます。「界」も「処」と同じく、原語に照らすと「〈私〉の根拠」を意味する言葉です。般若心経は、この六識にも言及しています。

人間の感覚など遥かに超えた境地がある

六識とは「眼識・耳識・鼻識・舌識・身識・意識」の六つです。十八界としてとらえるときには、六根・六境の十二処を含

【人間が認識できる18の領域「十八界」】

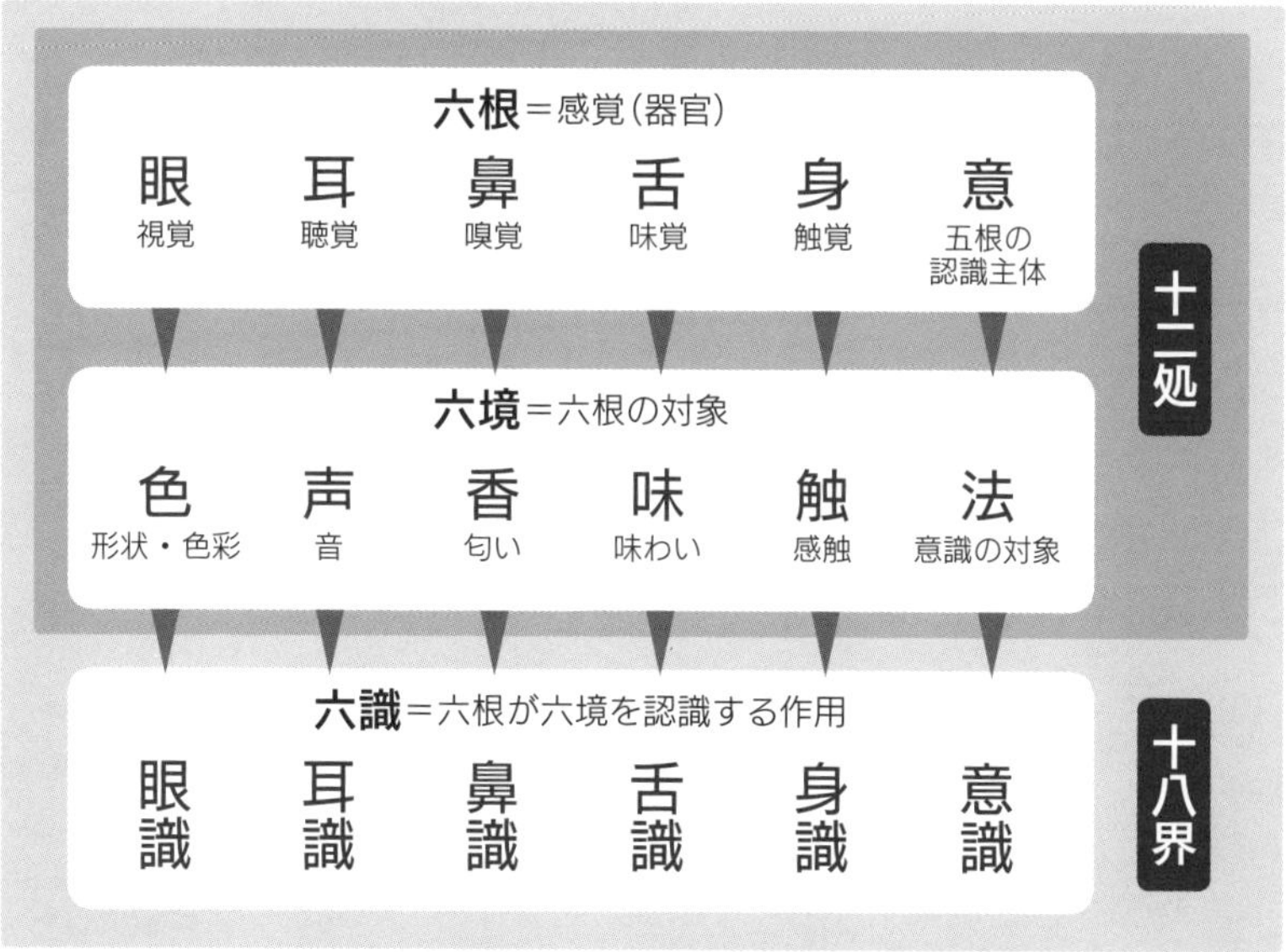

認識できることの領域を18種類に分類。五蘊をさらに細分化したものでもある。

め、すべてに「界」をつけて表します。要は人間の感覚とその対象、認識作用は、次のように列挙できるわけです。

「**眼界・耳界・鼻界・舌界・身界・意界・色界・声界・香界・味界・触界・法界・眼識界・耳識界・鼻識界・舌識界・身識界・意識界**」

般若心経のこの部分は、右の「十八界」がわかっている前提で述べられています。「乃至」とは「間のものを省略する」という意味の言葉です。つまり、右に列挙した「眼界から（間のものを含めた）意識界まで」、すべてが「ない」と述べているわけです。前項で述べたとおり、感覚のないつまらない世界という意味ではなく、人間の感覚など遥かに超えた境地があることを語っているのです。

無知や迷いはなく、それらの消滅もない

無《む》無《む》明《みょう》 亦《やく》無《む》無《む》明《みょう》尽《じん》

訓み下し文

無《む》明《みょう》なく、また無明の尽《つ》きることなく

意味

（明知なく）無明なく（明知の滅なく）無明の滅もない

先に、「仏教でいう『法』は、お釈迦様の成道によって明らかにされた『物事のつながり』という意味でも使われる。それを説くのが説法」だと述べました。お釈迦様は、ブッダガヤーの菩提樹の下で悟りを開かれたあと、サールナート（先に紹介した仏伝レリーフのあるところ）ではじめての説法をされました。この出来事を「初転法輪《しょてんぼうりん》」といいます。

般若心経のこの部分は、初転法輪の内容と深く関わります。

人間の苦は無知や迷いから始まる

人はなぜ苦しむのか。お釈迦様はその原因を追究し、苦が生まれる因果系列をつきとめます。それを十二縁起（十二支縁起、十二因縁）といいます。

十二縁起は、苦が生じる12の過程を描いたもので、出発点は

【お釈迦様による最初の説法「初転法輪」】

サールナートの林にいたかつての苦行仲間５人を相手に教えを説くと、５人は喜んで受け入れた。

初転法輪

↓

初めて転がった**法輪**

お釈迦様の教えを、煩悩を打ち壊す戦車にたとえたもの。

「無明《むみょう》」です。無明は明知《めいち》（知がある）の対義語で、「無知なこと」や「迷い・煩悩があること」をいいます。

無明から、連鎖反応のようにいろいろなものが生まれることが、人の苦の根源だと、お釈迦様は見極めました（十二縁起の内容は次項参照）。無明がなくなれば、次々に苦の原因がなくなります。

十二縁起の各要素がなくなることを「滅尽《めつじん》」といい、無明がなくなることを「無明尽」といいます。

ところが、この大事な説法で触れた「無明」も、「無明尽」も、般若心経では「ない」といいます。原典では、無明の対義である明知も、それがなくなることも「ない」と述べています。十二縁起に関わる般若心経の記述は、さらに続きます。

乃《ない》至《し》無《む》老《ろう》死《し》

十二縁起で述べていることはすべて「ない」

お釈迦様が説かれた十二縁起の項目は、次のようなものです。

「①無明《むみょう》（無知）→②行《ぎょう》（自己形成）→③識《しき》（認識作用）→④名色《みょうしき》（自我の諸要素）→⑤六処《ろくしょ》（六つの感覚）→⑥触《そく》（対象との接触）→⑦受《じゅ》（感情）→⑧愛《あい》（欲望）→⑨取《しゅ》（執着）→⑩有《う》（生存）→⑪生《しょう》（生活）→⑫老死《ろうし》（老いと死）」。無明から行が生まれ、行から識が生まれ…と原因が結果を生み、結果が原因になって、最後は最大の苦である老死に行き着きます。

訓み下し文

ないし老死《ろうし》なく

意味

老死（までの苦が生じる過程）はなく

無明のなかにいるうちは無明が見えない

これを踏まえて、般若心経の文言の続きを見てみましょう。「乃至」は、先にも述べたとおり、「間のものを省略する」という意味です。すると、前項からの流れで、無明から老死までの12項目すべてが「ない」といっていることがわかります。

【苦しみが生まれるプロセス「十二縁起（順観《じゅんかん》）」】

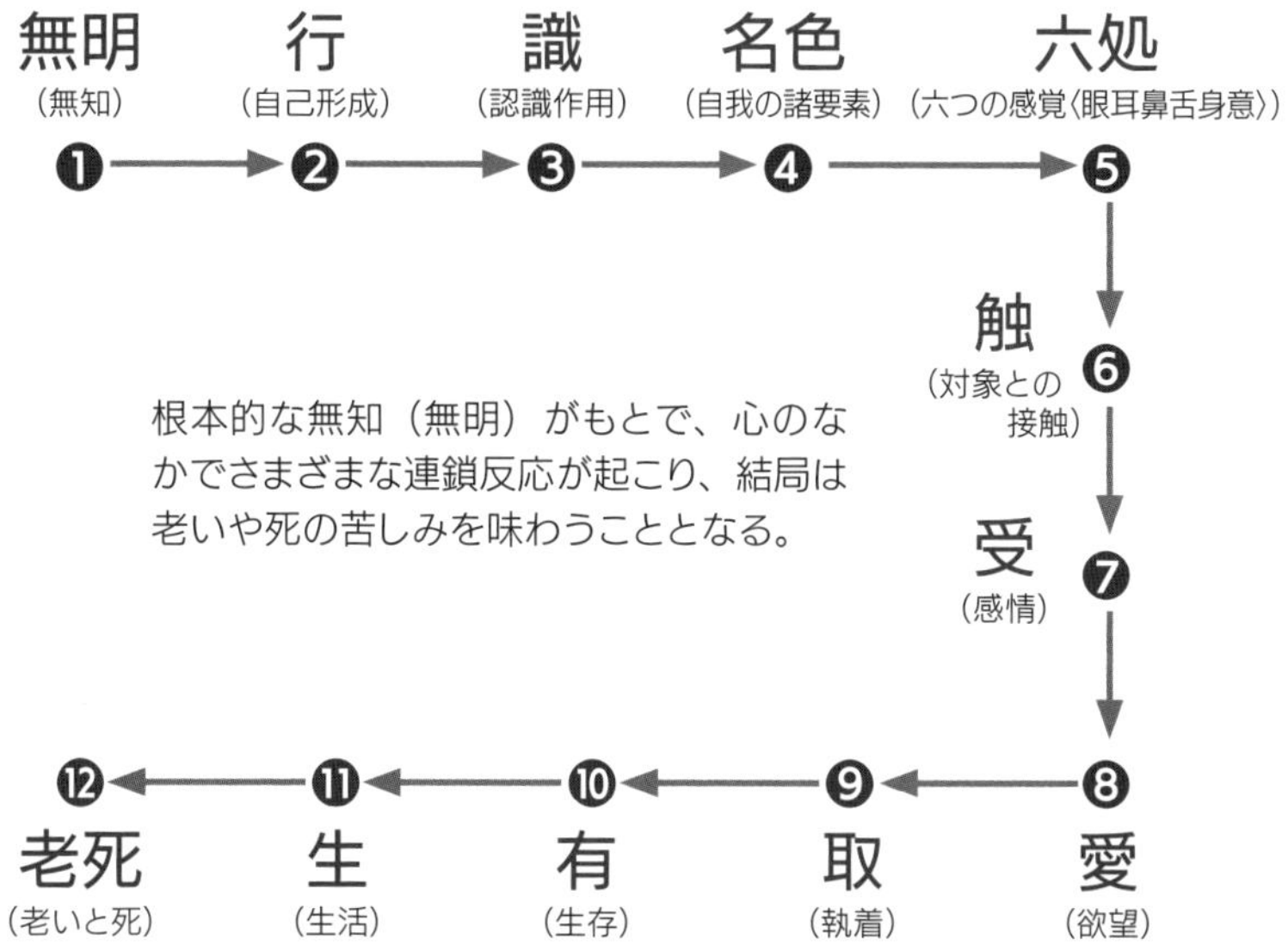

〈私〉を意味する4階建ての建物でいうと、1階や2階にいる状態。人は誰でも、最初は無明です。

無明のなかにいる間は、無明であることすらわかりません。

3階に行くと、人は無明から脱します。思いのままにならない自己を構成するさまざまな要素を、つぶさに観察できるレベルです。これが舎利子のいる場所です。

そうなれば、苦の原因をなくせるはずでした。ところが、3階にいる人々は、今度は十二縁起の法則性に固執して「苦」を生み出してしまったのです。

それを4階から見て、「**十二縁起は各自が瞑想したとき、心深くに起こるプロセスであり、実在視すべきものではない**」といっているのが、般若心経なのです。

亦《やく》無《む》老《ろう》死《し》尽《じん》

原因が尽き、結果が尽きることも「ない」

訓み下し文

また老死《ろうし》の尽《つ》きることなく

意味

老死の滅もない

前項にあげた十二縁起について、「①が②を生み、②が③を生み…」と、「原因→結果」を観察することを「順観《じゅんかん》」といいます。一方、「①がなくなれば（滅尽《めつじん》すれば）②がなくなり、②がなくなれば③がなくなり…」と、「原因の滅尽→結果の滅尽」として観察することを「逆観《ぎゃくかん》」といいます。

「尽」という文字からわかるように、般若心経のこの部分は、各項目の滅尽がつながる「逆観」の視点でも述べられています。

避けられない老死の恐怖から自由になる

二つ前の項目には「無無明尽」という言葉がありました。「無明が尽きる（なくなる）こともなく」という意味です。

そして今回は、「無老死尽」です。「**老死が尽きる（なくなる）こともない**」という意味です。前項にある「乃至」は、この部

【苦しみが生まれるプロセスを否定する「逆観」】

❶	❷	❸	❹	❺	❻	❼	❽	❾	❿	⓫	⓬
無明（無知）を滅尽すれば行がなくなる	行（自己形成）がなくなれば識がなくなる	識（認識作用）がなくなれば名色がなくなる	名色（自我の諸要素）がなくなれば六処がなくなる	六処（六つの感覚）がなくなれば触がなくなる	触（対象との接触）がなくなれば受がなくなる	受（感情）がなくなれば愛がなくなる	愛（欲望）がなくなれば取がなくなる	取（執着）がなくなれば有がなくなる	有（生存）がなくなれば生がなくなる	生（生活）がなくなれば老死がなくなる	老死（老いと死）がなくなる。つまり、苦しみがなくなる

分にもかかっているので、十二縁起の各項目について、「尽きることはない」と、逆観の視点で述べているわけです。

ですから、もともと般若心経では、**十二縁起の各項目そのものが「ない」というよりは、連鎖反応で生まれたり、消えたりすることが「（実在としては）ない」といっている**ことがわかります。

実在として、「無明（無知）でなければ老いない、死なない」ということはあり得ません。十二縁起が示すのは、不老不死の秘訣などではないのですから。

苦の生まれるプロセスを知って執着を捨て、避けられない老いや死への恐怖から自由になることを説いているのです。

それを踏まえて、心の変容や成長を促しているのが般若心経といえるでしょう。

苦から解き放たれる「四諦」の教え

無《む》苦《く》集《じゅう》滅《めつ》道《どう》

訓み下し文

苦《く》集《じゅう》滅《めつ》道《どう》なく

意味

苦・集・滅・道もない

お釈迦様は初転法輪で、十二縁起のあと、実践すべき「八正《はっしょう》道《どう》」というものを説きました。その前提として説いたのが、「四諦《したい》（または四聖諦《ししょうたい》）」と呼ばれる「四つの理《ことわり》（物事のすじみち）」です。その一つ目は「生きることは苦である」と知る「苦諦《くたい》」、二つ目が「尽きぬ欲望が苦を生じさせる」と知る「集《じっ》諦《たい》」、三つ目が「欲望は抑制できる」と知る「滅諦《めったい》」、四つ目が「滅諦を実現するには八正道が大切」と知る「道諦《どうたい》」です。

般若心経のこの部分でいう**「苦・集・滅・道」は、四諦を指しています**。

人をしばるものではなく自分の心の修行

「諦」という字は、ふつうに読めば「あきらめる」です。まるで、何もかもあきらめる抑圧的なイメージを持ってしまいそう

【中《ちゅう》道《どう》を行くための四諦・八正道】

お釈迦様は、苦から解放される道として「中道」を説き、「四諦」と「八正道」の実践を推奨。

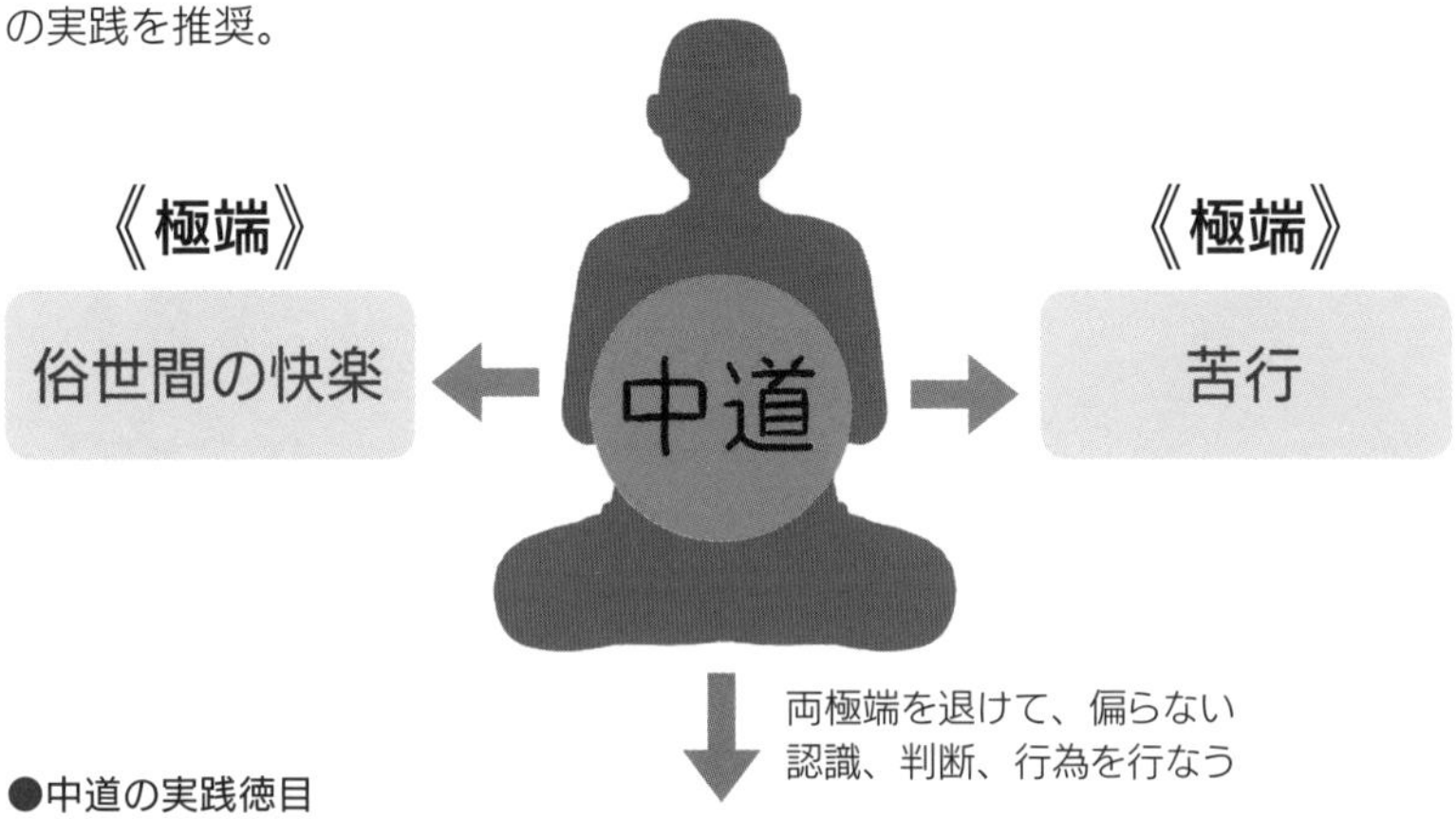

●中道の実践徳目

四諦（四聖諦）	八正道
・苦諦　・集諦　・滅諦　・道諦	・正見　・正思　・正語　・正業 ・正命　・正精進　・正念　・正定

ですが、そうではなく、ここでは「諦」は「明らかにする」という意味です。苦の在《あ》りかや生まれ方、克服のしかたを明らかにして、苦から解き放たれるすじみちを説いたのが四諦というわけです。

なお、**道諦の指す八正道とは、正見《しょうけん》（正しい見解）、正思《しょうし》（正しい思惟《しい》）、正語《しょうご》（正しい言葉）、正業《しょうぎょう》（正しい行い）、正命《しょうみょう》（正しい生活）、正精進《しょうしょうじん》（正しい努力）、正念《しょうねん》（正しい心の持ち方）、正定《しょうじょう》（正しい精神統一）という八つの正しい修行法**です。

このすべてを般若心経では「ない」といいます。しかし、それは教えそのものを否定しているのではありません。あくまでもこれらは、自分の心の修行であって、人をしばる法規などではないと般若心経は述べているのです。

すべては瞑想のプロセスであり心の問題

無《む》智《ち》亦《やく》無《む》得《とく》

訓み下し文

智《ち》なく、また得《とく》もなし

意味

知ることもなく、得ということもない

この部分にある「智」と「得」を、多くの解説書では一対のものととらえ、「智慧も損得もない」とか「知ることも悟りを得ることもない」とかと説明していますが、それらは誤りです。

お釈迦様は、初転法輪の際、「苦集滅道」の四諦が判明したとき、「私に智が生じ、光明が生じた」と語ります。それを踏まえるならば、「苦集滅道」に続く「智」であることから、これは四諦八正道によって得た「智」と解釈すべきでしょう。

ここまでの目的は「瞑想の指南」

さらに、般若心経の大本では、「智もなく」に続いて、「得もなく非得もない」となっています。小本では非得が略されていますが、「得」は「非得」と対なのです。では「得」とは何でしょうか。損得やいわゆる儲け話の「得」などではありません。

【「苦集滅道」の4つのステップ】

STEP 1 **苦諦《くたい》**
この世の一切は「苦」であるという真実
この世には苦しみが満ちていると認識する。

↓

STEP 2 **集諦《じったい》**
苦にはさまざまな原因があるという真実
苦しみの原因を知る。

↓

STEP 3 **滅諦《めったい》**
苦の原因は消滅するという事実
苦しみの原因を滅することができることを理解する。

↓

STEP 4 **道諦《どうたい》**
苦の原因を消滅させる道があるという事実
苦しみの原因を滅する方法を知り、実践する。

↓

悟り

自己を突き詰めると、諸法という要素に解体され、固定した自我は存在しないというのが、仏教の基本的な考えかた。

なぜ自己があるように見えるのか。研究者たちは、「どこかに諸法を結合させたり、分離させたりする働きがあるため、個性が生じて自己が存在しているように見える」と考えました。諸法を結合させる働きを「得」、分離させる働きを「非得」といいます。ここでは、そうした働きが「ない」と述べているのです。

お釈迦様の教えに言及しつつ、それらは瞑想のプロセスであって実在レベルでは「ない」と般若心経は述べてきました。その目的は、実は「瞑想の指南」でした。諸法に関する瞑想の指南はここまでで、次からは別の視点の伝授になります。

以《い》無《む》所《しょ》得《とく》故《こ》

般若心経はここから「方法論」を語る後半へ

訓み下し文

得《う》る所《ところ》なきをもっての故《ゆえ》に

意味

（この故に）ここにはいかなるものもないから、

般若心経の大本に描かれている最初のシーンで、観自在菩薩に対して、舎利子がした質問を覚えているでしょうか。「あなたの得たヴィジョンはどのようなものか」という質問でした。それに対する答えが、前項までに語られてきたのです。

実はそのとき、**舎利子はもう一つ質問をしていました。「そのヴィジョンを得る手段は何か」です。その答えが、ここから始まる般若心経の後半で語られる**ことになります。

諸法の働きがないことを強調

その**最初が「以無所得故」**です。多くの解説書は、この部分を今から始まるパートでなく、前のパートに含めています。「無智亦無得」の説明をあとから加えていると解釈し、「智もなく得もなし。得るところなきをもっての故に」としているのです。

【「大本」般若心経の舞台】

グリッドラクータ山の説法台

晩年のお釈迦様がたびたび説法を行った霊鷲山が、大本『般若心経』の舞台。

上空から見た霊鷲山の全貌

しかし、原典では、この部分の前に「この故に」という接続詞があります。ですから、やはりここから新しいパートが始まると考えるべきでしょう。

さらに、「無所得」という漢字にとらわれて、「損得の打算を超えた心境」などとする解説書もありますが、これは珍解釈といわざるをえません。

ここの「得」は、前項で述べたとおり、諸法を結合させる働きのことです。つまり、観自在菩薩のいる４階では、「諸法が結合されることはない」「そうした諸法の働きは何もない」と述べているのです。

まったくの開放次元であることを強調しているわけです。平易な言葉にするなら、「ここにはいかなるものもないから」というようになるでしょう。

菩《ぼ》提《だい》薩《さっ》埵《た》

「般若波羅蜜多」は菩薩たちのスローガン

訓み下し文

菩《ぼ》提《だい》薩《さっ》埵《た》は

意味

菩薩は（菩薩の）

「菩薩」という言葉は、仏教に詳しくない人でもご存じでしょう。しかし、これが何という言葉を略したものかは、あまり知られていないかもしれません。菩薩は、「菩提薩埵」を略した言葉です。般若心経の語り手である観自在菩薩もそのひとりです。といっても、般若心経のここに出てくる「菩提薩埵」は、観自在菩薩だけを指すのではありません。では何を指しているのでしょうか。

観自在菩薩が菩薩の代表として述べている

菩提は「悟り」、薩埵は「人」というほどの意味の音写語で、菩提薩埵は「修行者」のことです（大乗仏教の修行者）。

もともと菩薩とは、お釈迦様の過去世（前世）を指す言葉でした。自分が修行するだけでなく、他者をも救おうとする大乗

【菩薩が行うべき六つの徳目】

❶布施《ふせ》　檀那波羅蜜《だんなはらみつ》
物質的な施しはもちろん、仏教の教えを説き、精神的な安心を与えることも布施にあたる。

❷持戒《じかい》　尸羅波羅蜜《しらはらみつ》
修行者にふさわしい規則と禁欲を守り、心身を浄める。

❸忍辱《にんにく》　羼提波羅蜜《せんだいはらみつ》
決して心を荒立てることなく、苦難を堪え忍ぶ。

❹精進《しょうじん》　毘梨耶波羅蜜《びりやはらみつ》
悟りを得るために、ひたすら努力を続ける。

❺禅定《ぜんじょう》　禅那波羅蜜《ぜんなはらみつ》
精神を統一し、心を静める。

「般若波羅蜜多」は菩薩が行うべき六つの徳目の最後の徳目。このほかの五つの徳目とは一線を画した、より深い特別な修行法のことを指す。

❻智慧《ちえ》　般若波羅蜜《はんにゃはらみつ》
正しい智慧を持つこと。智慧の完成。

仏教の修行者たちが、自らを「菩薩」と称したことから、慈悲の精神を発揮する修行者を菩薩と呼ぶようになったのです。

般若心経のこの部分の「菩提薩埵」は、実は原典では「菩提薩埵たちの（複数形）」を意味します。

原典では主語が記されていないのですが、前後から判断すると「菩提薩埵は」と読めます。

このあとの部分にかけて省略せずに意味をとると、「われわれ菩薩は、菩薩たちの般若波羅蜜多によって」となります。

菩薩たちは、般若波羅蜜多をスローガンとして祈り、瞑想し、この言葉に込められた意味を追究したのです。そのことを、菩薩の代表として、観自在菩薩が述べていることになります。

依《え》般《はん》若《にゃ》波《は》羅《ら》蜜《み》多《た》故《こ》

この真言によらずしてこの成果は得られない

訓み下し文

般《はん》若《にゃ》波《は》羅《ら》蜜《み》多《た》に
よるが故《ゆえ》に

意味

般若波羅蜜多を
拠り所として

前のパートまでに語られたヴィジョンは、もともと観自在菩薩が「深遠な般若波羅蜜多の修行をしているときに得られた」と、般若心経の最初のほうで述べられています。

ここでは改めてそれを、「(菩薩たちの) 般若波羅蜜多によるが故に」と述べています。

「**般若波羅蜜多（という真言）によらずして、このような成果は得られないのだ**」と強調しているのです。

「智慧という完成」に到達し、さらに高みへ

「依」という字のもとになっているサンスクリット語は「アーシュリトャ」という言葉で、「～を拠り所として」「～に立脚して」「～を基盤として」などを意味します。

冒頭の経題の解説でも少し触れましたが、般若は「智慧（プ

【「般若波羅蜜多」の修行とは】

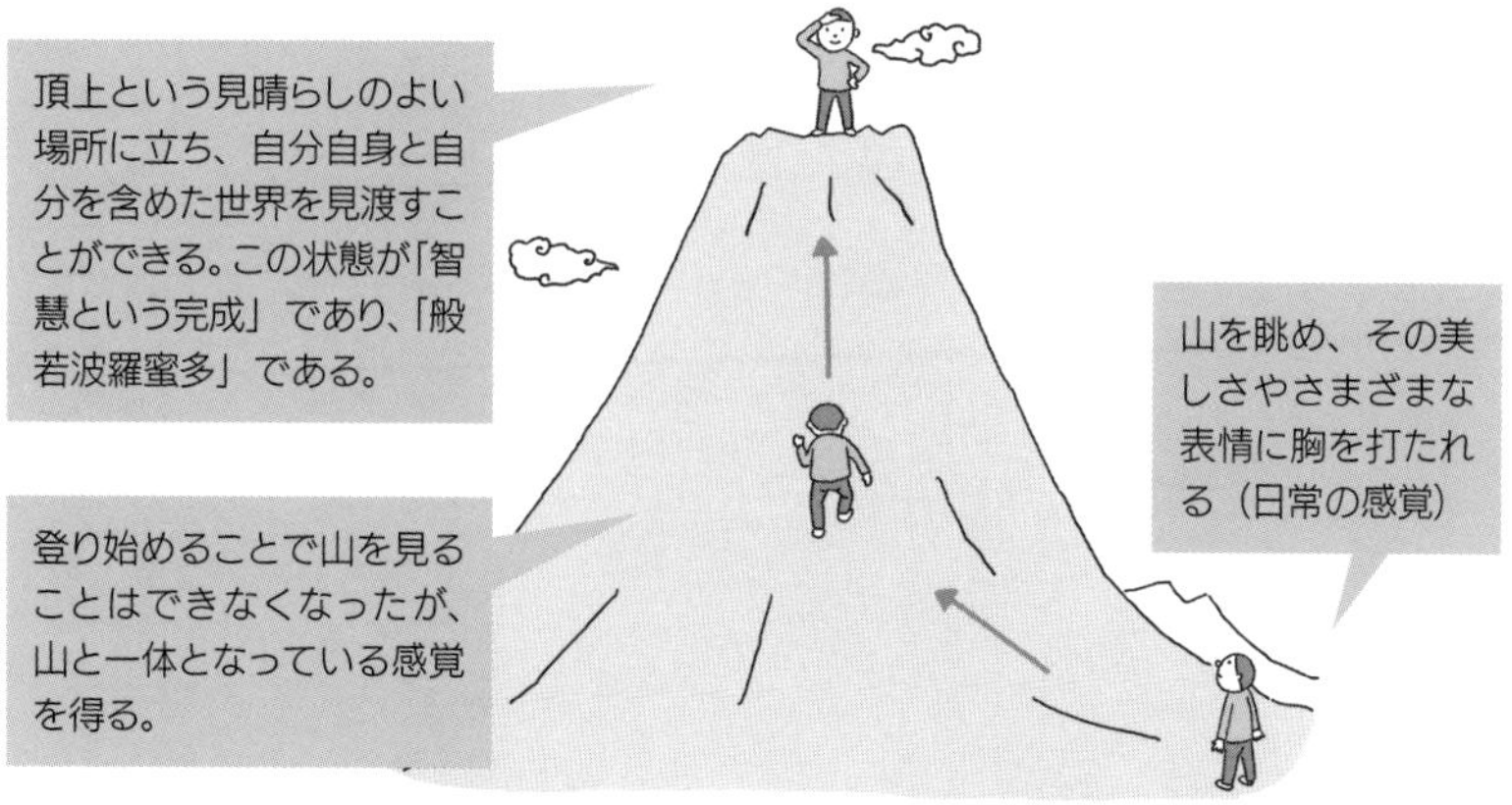
頂上という見晴らしのよい場所に立ち、自分自身と自分を含めた世界を見渡すことができる。この状態が「智慧という完成」であり、「般若波羅蜜多」である。
山を眺め、その美しさやさまざまな表情に胸を打たれる（日常の感覚）
登り始めることで山を見ることはできなくなったが、山と一体となっている感覚を得る。

「般若波羅蜜多」の修行を山登りにたとえると、山を眺めるだけだった人が、もっとよく見ようと山を登り始める。やがて頂上に到達し、自分がそれまでいた場所や歩いてきた道を一望する。見晴らしのよい場所に立つことで自分自身を見渡し、自分の世界を見渡すことができる。それこそが至高の観点であり、観ることが「般若に立脚した修行」ということ。

ラジュニャー）」、波羅蜜多は「完成（パーラミター）」の音写語です。

般若波羅蜜多は「智慧の完成」とも訳せますが、より厳密に訳すと「智慧という完成」という意味になります。到達点をめざしている状態ではなく、すでに到達した状態を意味しているのです。

しかし、「依」、つまり「それに立脚して」といっているので、修行の到達点であると同時に、それを基盤にしたさらなる高みがあるという意味も含んでいます。

建物のたとえでいえば、４階は到達点ではありますが、それで完了ではなく、さらに４階で瞑想のプロセスを実践することを、般若波羅蜜多は意味しています。そうやって得たヴィジョンを、観自在菩薩は舎利子に語ったのです。

心にまったく妨げやひっかかりがない

心《しん》無《む》罣《け》礙《げ》

訓み下し文

心《こころ》に罣《けい》礙《げ》なし

意味

心の妨げなく安住している

この部分の「心」は、原語では「チッタ」です。経題で「心呪（真言）」を指していた心（フリダヤ）とは違い、一般的なイメージでいう心、つまり私たちの内面を指す言葉です。

「罣礙」の罣は「ひっかけるもの」、礙は「妨げるもの」を意味します。原語の「アーヴァラナ（妨げとなるもの、閉ざすもの、覆《おお》うもの）」を翻訳するため、漢訳者がつくった学術用語と思われます。従って、**「心に罣礙なし」は、心に何の妨げ（ひっかかり、覆い）もないこと**を意味しています。

心を絡め取る網の目が消える次元

「妨げ」は何を指しているのでしょうか。ここまでにくり返し述べられてきた「諸法の実在視」にほかなりません。諸法を研究するあまり、心が網の目に絡《から》め取られたようになった3階の

【『般若心経』の現存する八つの漢訳】

	経典名	翻訳者（時代）	翻訳年代
1	摩訶《まか》般若《はんにゃ》波羅《はら》蜜大明呪経《みつだいみょうじゅきょう》	鳩摩羅什《くまらじゅう》（姚秦《ようしん》）	402～412年
2	般若波羅蜜多心経	玄奘《げんじょう》（唐《とう》）	649年
3	普遍智蔵《ふへんちぞう》般若波羅蜜多心経	法月《ほうがつ》（唐《とう》）	739年
4	唐梵翻対字音《とうぼんほんたいじおん》般若波羅蜜多心経	不空《ふくう》（唐《とう》）	746～774年ごろ
5	般若波羅蜜多心経	般若《はんにゃ》／利言《りごん》（唐《とう》）	790年
6	般若波羅蜜多心経	法成《ほうじょう》（唐《とう》）	856年
7	般若波羅蜜多心経	智慧輪《ちえりん》（唐《とう》）	860年ごろ
8	仏説聖仏母《しょうぶつも》般若波羅蜜多心経	施護《せご》（宋《そう》）	982～1017年

住人に対し、4階には「そのように心を妨げるものは何もない」と述べています。

前半でも述べてきたことですが、今度は方法論の前置きとして、般若波羅蜜多の修行をすると「どうなるか」を、より強調した表現で語っているわけです。

多くの解説書のように、この部分を「心にこだわりがない」としても間違いではありません。しかし、そこから「こだわりを捨てて生きよ」といった世間的な教訓を引き出そうとするならば、般若心経の真の意味からは離れ、2階のフロアに引き戻されてしまうでしょう。

そうした次元の教えととらえるより、ただ心に妨げのない境地をイメージしながら般若心経を味わうほうが、より真の意味に近づけるのではないでしょうか。

完全な開放状態に恐怖はない

無《む》罣《け》礙《げ》故《こ》 無《む》有《う》恐《く》怖《ふ》

訓み下し文

罣礙《けいげ》なきが故《ゆえ》に
恐怖《きょうふ》あることなし

意味

心の妨げがないので
恐れがなく

「罣礙なきが故に」は、いうまでもなく前の項の「心に罣礙なし」を受けており、「心の妨げがないので」という意味です。

罣礙の意味は、先に述べたとおり「妨げとなるもの、閉ざすもの、覆うもの」などですが、「取り囲むもの」という意味もあります。そういうものがないから「恐怖がない」と続きます。これはどんなことを意味しているのでしょうか。

自分をしばっているのは自分の心

恐怖は、原因が何であれ心に生じます。その根底にあるのは「閉ざされている」という感覚でしょう。「閉ざされていて逃げ場がない」という感覚から恐怖が生まれるのです。

死の恐怖も、「死から逃れられない」と思うからこそ生まれるものでしょう。逆に、「閉ざされていないと思う者」「逃れる

【そもそも自分をしばる「心」など存在しない】

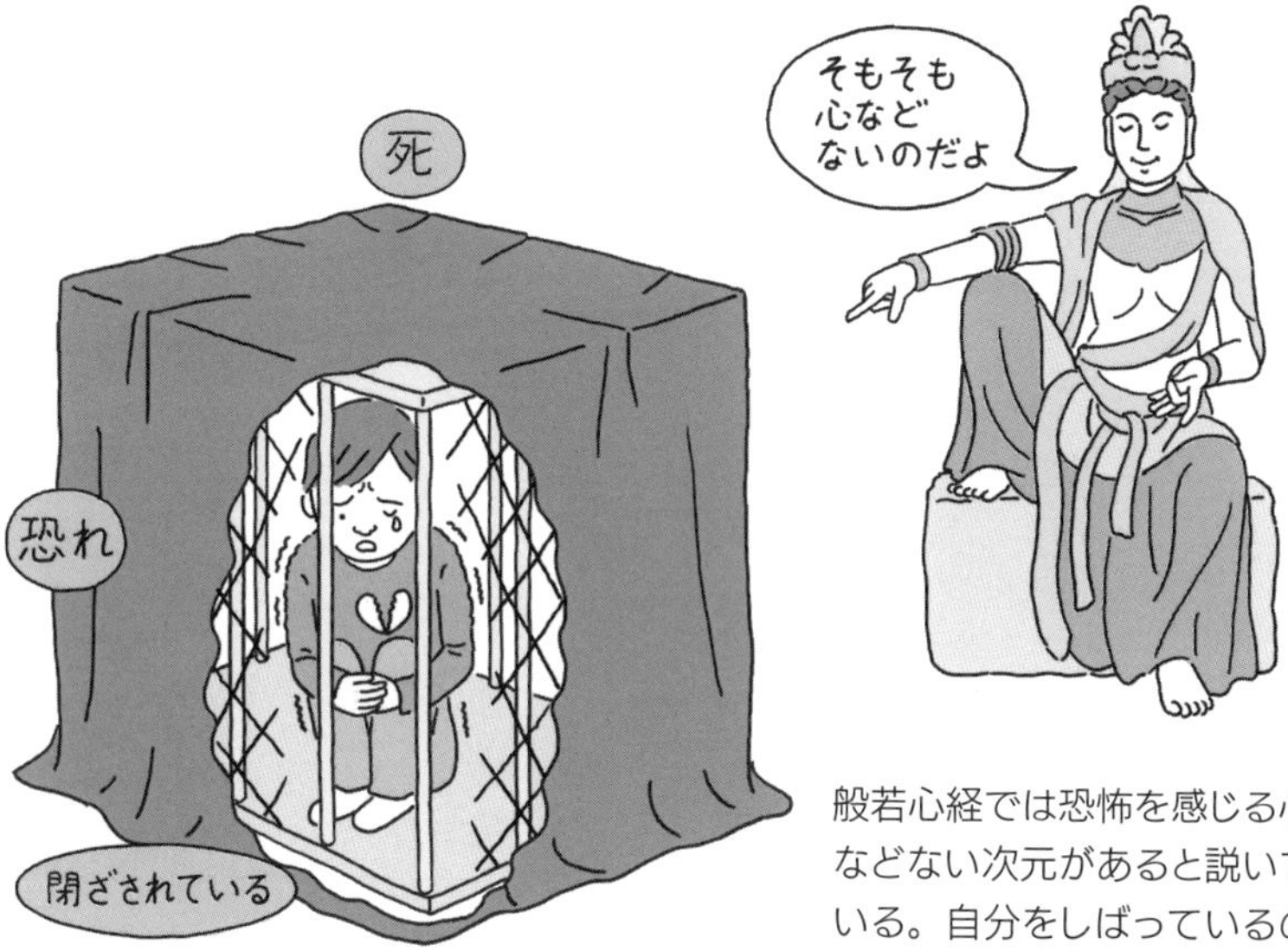
死
恐れ
閉ざされている
そもそも
心など
ないのだよ

般若心経では恐怖を感じる心などない次元があると説いている。自分をしばっているのはただの思い込みなのだ。

つもりがない者」には恐怖はないのです。

日常の私たちの心は、幾重もの檻に閉ざされています。時間、場所、他者との関係、習慣などにしばられて苦しみ、逃れようとしてさらに苦しみます。

その檻は自分の心そのものですから、普通に考えれば逃れるすべはありません。

しかし、般若心経は、それを完全に開放する次元があると説きます。前半の内容を踏まえると、それは「こだわりを捨てて自分の心を開放する」というような次元ではなく、「心そのものを空性にできる次元がある」ということになります。

般若心経は、「心の大切さ」を説く経などではまったくなく、むしろ**「心などというものはない。そういえる次元がある」と説く**恐るべき教典なのです。

遠離《おんり》一切《いっさい》顚倒《てんどう》夢想《むそう》

錯誤することを遠ざけ、超越する

訓み下し文

一切《いっさい》の顚倒《てんどう》夢想《むそう》を遠離《おんり》して

意味

ないものをあると考えるような見方を超越していて

ここにある「一切」の2文字は、第1章でも触れたように、もとの玄奘訳にはありません。

原典にもなく、玄奘の前に般若心経を漢訳した鳩摩羅什の訳にある言葉です。玄奘訳にもとづく流布本にも、なぜかこの2文字が入っています。おそらくは、読誦《どくじゅ》する際の語調を整えるために羅什が挿入し、流布本でも取り入れられたのでしょう。

超越とは「階段を昇りきる」こと

「顚倒《てんどう》」は逆さま、「夢想」は、夢のようにあり得ないことを意味します。「夢想」も原典にはない言葉で、「顚倒」を強調するとともに語調を整える目的で挿入されたと考えられます。

顚倒夢想は、「ないものをあると考える」という意味です。そのため、「妄想を持つことを諌めている」とする解説書もあ

【現存する『般若心経』最古の翻訳者・鳩摩羅什《くまらじゅう》】

『般若心経』にとどまらない数多くの業績

梵語表記／Kumarajiva。330～409年ごろ。

中国、南北朝時代初期の訳経僧。インドの血を引く父と亀《く》茲《ちゃ》の王族の母との間に生まれる。7歳で出家ののち、最初は部派仏教の教理などを学んだが、やがて大乗仏教に転向し、『般若経』、『阿弥陀経』、『法華経』などの重要な経典を格調高い美文で翻訳した。羅什が訳した経典や論書は現在でも多く読誦されている。

りますが、ここでの意味は違います。
　建物のたとえでいうと、4階で見れば「ない」ものを、3階のレベルでは「ある」と錯誤していることを述べているのです。
「遠離する」は、漢字のとおりに「遠く離れている」と解釈することもできますが、サンスクリット語の原義は「超越する」です。したがって、この部分は**「ないものをあると錯誤するレベルを超越して」という意味**になります。
　なお、「遠離」にあたる原典のサンスクリット語「アティクラーンタ」は、直訳すると「階段を昇りきっている」という意味です。本書では、般若心経の意味を、〈私〉を示す4階建ての建物のたとえで説明していますが、その解釈の妥当性を示す言葉ともいえるでしょう。

お釈迦様の行かれた「涅槃」はどんなところか

究《く》竟《ぎょう》涅《ね》槃《はん》

訓み下し文

涅《ね》槃《はん》を究《く》竟《ぎょう》せり

意味

まったく開放された境地でいる

「究竟《くっきょう》」という漢訳語は日本語にもなっており、「ものの究極に達したところ」を意味すると考えられます。「涅槃《ねはん》」は、原語のニルヴァーナの音写語で、一般的にはお釈迦様の入滅を指しますが、ここでは原意に沿った意味で用いられています。

問題はその原意で、「燃えさかる煩悩の火を吹き消して、一般に悟りの智慧を獲得した境地をいう」と説明されています。

覆いが取り払われ、開放された境地

そのように解釈されているのは、ニルヴァーナの語源が「(風などが)吹く」を意味するヴァーと考えられているからです。接頭辞のニルがつくと「吹いてなくす」という意味になります。

しかし、原語には「燃えさかる煩悩の火」にあたる意味はなく補って解釈しています。涅槃という重要な言葉を、そのよう

【お釈迦様の教えを要約した「四法印」】

四法印《しほういん》

三法印《さんぼういん》

涅槃寂静《ねはんじゃくじょう》	諸法無我《しょほうむが》	諸行無常《しょぎょうむじょう》	一切皆苦《いっさいかいく》
煩悩を滅し、苦を克服し、執着を捨てた安らぎの境地。	すべては因果により生滅するものであり自己は存在しない。	あらゆる存在、すべての現象は、常に変化するという真実。	この世は避けることのできない苦に満ちているという真実。

に補って解釈するのも不自然です。

仏典のなかには、確かに煩悩を燃えさかる火にたとえる表現も見られます、しかし、それを消すには水をかけるとかそのものをなくすのが一般的で、「吹いて消す」という用例は見当たらないのです。ふつうに考えても、燃えさかる火を吹けば、火の勢いが増しかねません。

そのため、外国のパーリ語研究者の間では、**ニルヴァーナの語源は「吹き消す」を意味するニル・ヴァーではなく、「覆いを取り去る」という意味の「ニル・ヴリ」だと考えられています**。この文意なら、前の項との意味ともぴったり合います。「いかなる覆いも妨げもない、開放された境地（涅槃）に至ることができる」と、ここでは述べているのです。

いつの世にも「ブッダ」は生まれ得る

三世諸仏《さんぜしょぶつ》

訓み下し文

三世《さんせい》の諸仏《しょぶつ》は

意味

過去・現在・未来の三世に出現するすべての仏は

「三世」とは「過去・現在・未来」のこと。仏（ブッダ）とは、もとはインドで「覚者《かくしゃ》（真理を悟った者）」「聖者」を意味する言葉でしたが、やがてお釈迦様だけを指す尊称となりました。

しかし、お釈迦様のような存在が、それ以前の時代にも現れたとする伝承は多く、「過去七仏の信仰」として知られています。

ここでいう「三世の諸仏」は、過去も含め、いつの世でもブッダは生まれ得るという遍在性を示していると考えられます。

自身のなかに見いだすべき内なる存在

お釈迦様を、「雲の上にいるただひとりの超絶した人」と考えた小乗仏教に対し、大乗仏教では、「成仏の可能性は万人に備わっている」と説きました。

ブッダは教え同様、普遍的なものであり、どこか遠くに求め

【過去七仏と未来仏】

るものではなく、私たちひとりひとりの内なる存在として、自身のなかに見いだされるものと大乗仏教は考えたのです。「三世の諸仏」の背景には、こうした事情があり、意味は「過去・現在・未来に出現するすべての仏は」となります。

　そして、この主語に対する述語は、あとで述べるとおり、「完全に悟っている」という意味の「阿耨多羅三藐三菩提《あのくたらさんみゃくさんぼだい》を得《え》たまえり」です。仏とは「悟った者」のことですから、「諸仏（悟った者）」は完全な悟りを得ている」では、一見、当たり前のことを述べているように見えます。

　しかし、この部分のポイントはそこではなく、次の「般若波羅蜜多によって」にあります。これについては、次項で説明しましょう。

諸仏が悟りを開いた所以は…

依《え》般《はん》若《にゃ》波《は》羅《ら》蜜《み》多《た》故《こ》

訓み下し文

般《はん》若《にゃ》波《は》羅《ら》蜜《み》多《た》によるが故《ゆえ》に

意味

般若波羅蜜多を拠りどころとして

過去・現在・未来のすべてのブッダの悟りは、「般若波羅蜜多による」というのが、このパートの大きなポイントです。

「世に出現するいかなる仏も、仏となる所以は般若波羅蜜多にある」といっているのですから、かなり思い切った表現です。同じ「依般若波羅蜜多」という言葉ですが、前のパートでは菩薩の境地を称えたのに対し、今回は力点が違っています。

前に進め、一段ずつ高めていく「知」

お釈迦様をはじめとする諸仏が悟りを開いたのが「般若波羅蜜多による」などとは、初期のいかなる仏典にも記されていません。しかし菩薩たちは、従来の伝承を見直し、お釈迦様の真意を追究し、同時に自分自身の内なる追究を行うなかで、「これこそ拠り所にすべき」という確かなものとして般若波羅蜜多

【過去七仏に共通する教え「七仏通戒偈《しちぶつつうかいげ》」】

諸《しょ》悪《あく》莫《まく》作《さ》
もろもろの悪をなさず

衆《しゅ》善《ぜん》奉《ぶ》行《ぎょう》
すべての善を行い

自《じ》浄《じょう》其《ご》意《い》
自らの心を浄めよ

是《ぜ》諸《しょ》仏《ぶつ》教《きょう》
これが諸仏の教えである

過去七仏が共通して保ったと伝えられる「七仏通戒偈」は、すべての仏教思想を要約したものといわれ、古来、北伝・南伝を問わず、わが国に至るまで、非常に重んじられてきた。

にたどり着いたのです。それを強調しているのが、この部分というわけです。

なお、般若波羅蜜多の般若は、「プラジュニャー（智慧）」の音写語です。この言葉は、「知る」を意味する「ジュニャー」に「前に」を意味する「プラ」がついてできています。そのため、プラジュニャーを知識以前の「無分別知」とする解釈も見られますが、それは違います。もしそうなら、建物の1階、幼児のフロアに戻ることになってしまいます。

この「プラ」は「前に進める」という意味です。1階から2階、2階から3階、3階から4階へと、高めていく「知」です。知を得る前の状態に戻ることとは真逆で、1階ずつ昇っていったあとに達する最上階の境地です。

「この上ない完全な悟り」を意味する

得《とく》阿《あ》耨《のく》多《た》羅《ら》三《さん》藐《みゃく》三《さん》菩《ぼ》提《だい》

訓み下し文

阿《あ》耨《のく》多《た》羅《ら》
三《さん》藐《みゃく》三《さん》菩《ぼ》提《だい》を
得《え》たまえり

意味

無上の完全な悟りを成就している

「阿《あ》耨《のく》多《た》羅《ら》三《さん》藐《みゃく》三《さん》菩《ぼ》提《だい》」は、「アヌッタラ・サンミャク・サンボーディ」というサンスクリット語を音写したものです。「この上ない完全な悟り」を意味します。

「般若波羅蜜多」も音写語ですから、この部分は、たとえるなら英語を訳さずにカタカナ書きし、「テニヲハ」で結んだような構成です。般若心経のなかで、最後の真言の部分を除けば、このような訳しかたをしている部分はほかにありません。

羅什の先例にしたがって音写語を使用

玄奘が翻訳できない語としてあげた5種類の条件（五種不翻《ごしゅふはん》）があります。その5種類とは、次のとおりです。

①「陀羅尼《だらに》」（真言）のように秘密の語
②「薄伽梵《ばがぼん》」のように多義のある語

【「阿耨多羅三藐三菩提《あのくたらさんみゃくさんぼだい》」の漢訳と和訳】

	anuttara	samyak	sambodhi
梵語	阿耨多羅《あのくたら》	三藐《さんみゃく》	三菩提《さんぼだい》
漢訳	無上《むじょう》	正等《しょうとう》	菩提《ぼだい》
和訳	この上ない	完全な	悟り

③「閻浮樹《えんぶじゅ》」のように中国にない語
④「阿耨多羅三藐三菩提《あのくたらさんみゃくさんぼだい》」のように先例のある語
⑤「般若《はんにゃ》」のように「知恵」と訳してしまうと意味が軽くなってしまう語

ここに例としてあがっているとおり、先例があるので、この部分は音写語を使ったようです。カタカナ書きの英語でも、外来語としてなじんでいれば、そのまま翻訳として使えるのと同じです。

先例としてこの音写語を使ったのは、玄奘に先んじて般若心経を訳した鳩摩羅什です。玄奘は、般若心経以外の教典では、「阿耨多羅三藐三菩提」を「無上正等菩提」と漢訳しています。

般若心経に限って音写語を使ったのは、羅什の訳を尊重したからなのでしょう。

故《こ》知《ち》般《はん》若《にゃ》波《は》羅《ら》蜜《み》多《た》

強い口調で「知るべし」と呼びかける

訓み下し文

故《ゆえ》に知《し》るべし、般《はん》若《にゃ》波《は》羅《ら》蜜《み》多《た》は

意味

それ故に知るべきである。般若波羅蜜多の

このパートは「故に知るべし（それ故に知るべきである）」という言葉から始まります。**般若心経のなかで、このように強い口調になっているのはここだけ**です。

観自在菩薩が舎利子に対し、いよいよ最終的な伝授を行う部分にさしかかってくるので、このような強い口調になっているのでしょう。そのような口調で、何を「知るべし」と呼びかけているのでしょうか。

一幕の劇のクライマックスが近づいている

続く文章では、あとで述べるとおり「般若波羅蜜多は」という主語に続いて、４種類のマントラの呼び名が出てきます。

そして、漢訳では、その呼び名を示すところで、文章がいったん切れています（「これ無等等呪《むとうどうしゅ》なり」のところ）。

【空海が書いたといわれてきた写経の手本】

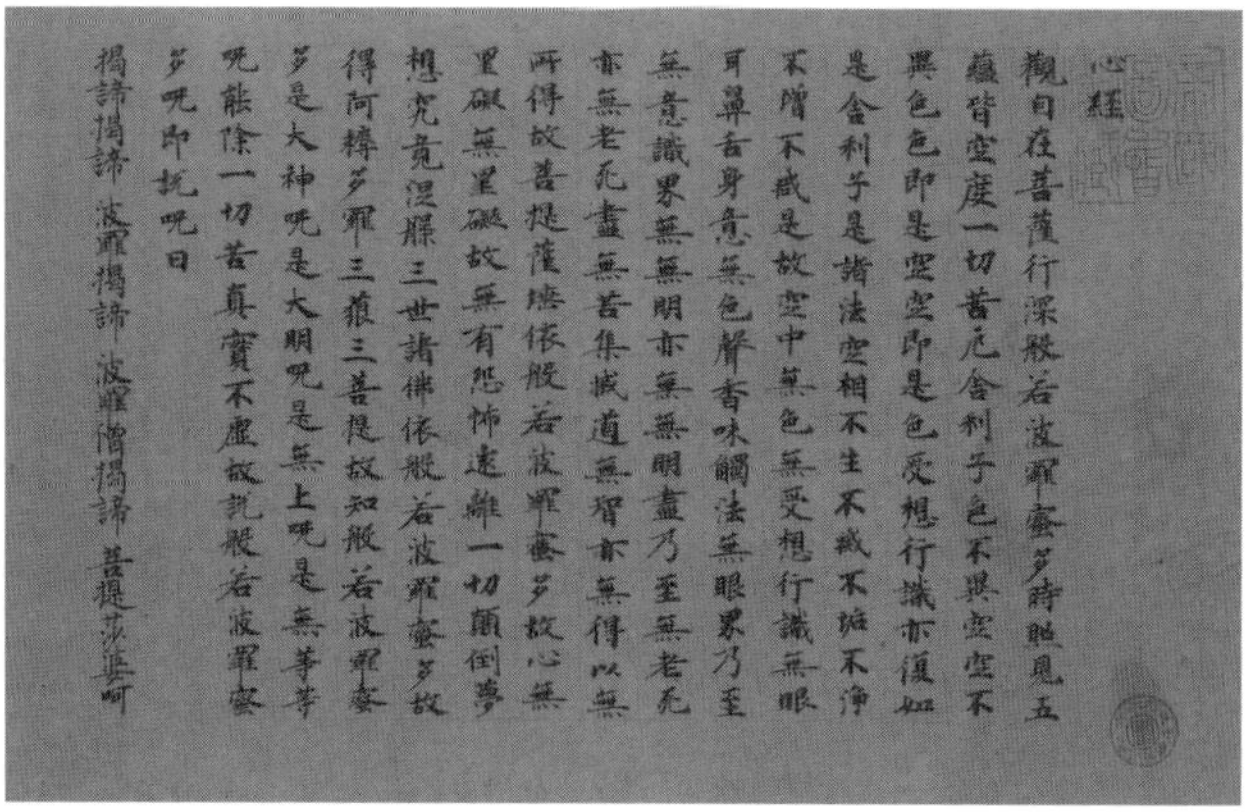
心経
觀自在菩薩行深般若波羅蜜多時照見五
蘊皆空度一切苦厄舍利子色不異空空不
異色色即是空空即是色受想行識亦復如
是舍利子是諸法空相不生不滅不垢不浄
不増不減是故空中無色無受想行識無眼
耳鼻舌身意無色聲香味觸法無眼界乃至
無意識界無無明亦無無明盡乃至無老死
亦無老死盡無苦集滅道無智亦無得以無
所得故菩提薩埵依般若波羅蜜多故心無
罣礙無罣礙故無有恐怖遠離一切顛倒夢
想究竟涅槃三世諸佛依般若波羅蜜多故
得阿耨多羅三藐三菩提故知般若波羅蜜
多是大神呪是大明呪是無上呪是無等等
呪能除一切苦真實不虚故説般若波羅蜜
多呪即説呪曰
掲諦掲諦　波羅掲諦　波羅僧掲諦　菩提莎婆訶

隅《すみ》寺《でら》心《しん》経《ぎょう》

空海が隅寺と呼ばれる海龍王寺（奈良県）で書写したものという伝説があり、古来、写経の手本とされてきた。しかし、実際には、天平時代の写経生が、朝廷が除災招福のために開催した読誦会のために筆写したものだということがわかった。

ここだけ見ると、その4種類のマントラの呼び名を「知れ」といっているようにも見えます。

しかし、原典ではそのあとの文とつながっています。ですから、ここ以降、般若心経の末尾までを「知れ」といっていると考えられます。

先に、「仏教の経典は一幕物の劇になっており、般若心経も例外ではない」といいました。ここから先が、その劇のクライマックスです。

ここまで、菩薩も三世の諸仏でさえも、「般若波羅蜜多を拠り所として悟りに至る」ということが述べられてきました。

では、その般若波羅蜜多の行《ぎょう》とは、具体的にはどうすればいいのか。その答えが述べられることになります。

ここからマントラの4つの呼び名が並ぶ

是《ぜ》大《だい》神《じん》咒《しゅ》

訓み下し文

これ大《だい》神《じん》咒《しゅ》なり

意味

大いなるマントラ、

ここからマントラ（真言）の四つの呼び名が続きます。最初は「大神咒《だいじんしゅ》」です。咒という字は、経題についての解説でも触れましたが、「マントラ」を意味します。大神咒のもとになっているサンスクリット語は「マハー・マントラ」で、「大いなるマントラ」という意味です。ただし、原語をそのまま訳すと「大咒」となり、「神」にあたる語はありません。

おそらく「大咒」とすると、漢語では「大きな咒」と誤解される恐れがあるため、「神」の字が添えられたのでしょう。

ほかの経典では「大心咒」と呼ばれていた

「神」の字は、ここでは「きわめてすぐれた」という意味で使われており、いわゆる「神様」の意味ではありません。

実は、玄奘と同時代にアジクタ（阿地瞿多）という人が訳し

【『西遊記』三蔵法師のモデルになった玄奘】

超人的な翻訳家

602 ～ 664 年。中国仏教の四大翻訳家のひとり。鳩摩羅什とともに二大訳聖とも呼ばれている。16 年かけて中国とインドの間を往復し、持ち帰った多数の仏教経典や論書を翻訳した。彼が翻訳したものを、従来の旧訳に対して新訳と呼ぶ。インドでの勉学の期間が長い玄奘は、梵語からの正確な翻訳をめざし、情緒的な訳語よりも論理的な翻訳を好んだといわれている。

た『陀羅尼集経《だらにじっきょう》』という書物には、般若心経の最後に記されているのと同じマントラ（「掲諦《ぎゃてい》」で始まる部分）がおさめられており、そこでは「**大心咒**《だいしんしゅ》」と呼ばれています。

　そういったことから類推すると、このマントラはもともと原語では「フリダヤ（心）・マントラ」と呼ばれていたのかもしれません。そのために、般若心経でも「マントラ」の意味で「フリダヤ（心）」が使われているのでしょう。

　玄奘がなぜ「大心咒」とせずに「大神咒」としたのかはわかりませんが、そもそもマントラの訳語もまだ定まっていない時代でしたから、ここでは**「偉大なる」という意味を込めて「神」という字を使ったの**でしょう。

呼び名が段階的に強調されていく

是《ぜ》大《だい》明《みょう》呪《しゅ》

訓み下し文

これ大《だい》明《みょう》呪《しゅ》なり

意味

大いなる明知のマントラ、

2番目の呼び名は「**大明呪**」です。

原語では「マハー・ヴィディヤー・マントラ」で、「偉大なる明知のマントラ」という意味です。「明知」は、先に述べたとおり「無明」の対義語で「知のある状態」を意味します。

この「知」は世間的・日常的な知ではありません。無明の対義語ということからわかるとおり、修行を積んで煩悩や迷いがなくなった状態のことです。「明知」は、4階建ての建物のたとえでいうと、3階にいる舎利子のレベルになります。

マントラの呼び名は建物の階段を示す

ここに出てくるマントラの呼び名は、その偉大さが、段階的に強調されています。このあと改めて述べますが、日本語訳では「**①偉大なる真言→②偉大なる明知の真言→③この上ない真**

【後期密教（チベット仏教）の仏具「マニ車《ぐるま》」】

マントラが刻まれているマニ車

表面にはマントラが刻まれ、内部にはロール状になった経文が納められている。マニ車を回せば、回した分だけマントラを唱えたことと同じ功徳があるとされる。

言→④比類なき真言」となります。

同じ意味の言葉を、強めながらくり返し使うという手法は、一般にもあります。しかし、少し踏み込んでこの意味を考えてみると、修行の階梯《かいてい》を示しているという解釈が成り立ちます。

4階建ての建物を1階ずつ昇っていくには、階段を通っていきます。その階段にあたるもの、すなわち自分のレベルを1段ずつ上げていく手段が、マントラの四つの呼び名に反映されていると考えることができるのです。

実は、このような解釈をした人物が、約300年前にもいました。それは、『般若心経秘鍵《ひけん》』という般若心経の解説書を著した空海です。その内容は次項で話しましょう。

是《ぜ》無《む》上《じょう》咒《しゅ》

どんな修行段階でも上に昇る階段となる

訓み下し文

これ無《む》上《じょう》咒《しゅ》なり

意味

この上ないマントラ、

3番目の呼び名は「**無上咒**」です。サンスクリット語では「アヌッタラ・マントラ」で、「この上ない真言」という意味です。「アヌッタラ」は、少し前に音写語で登場した「阿耨多羅《あのくたら》」と同じです。そこでは音写語にしていた言葉を、ここでは漢訳して「無上」としており、意味をとりやすくなっています。

これに続く4番目の呼び名は「**無等等咒**」で、「比類なき真言」というさらに強い賛辞となっています。

四つの呼び名を修行の階梯ととらえた空海

この4段階を、空海は「修行の階梯《かいてい》」ととらえました。『般若心経秘鍵』のなかで空海は、次のように解釈しています。「最初の大神咒は聞いただけのことを理解する者（声聞《しょうもん》）の真言、2番目の大明咒は縁起を知って独力で悟る者（縁覚《えんがく》）の真

【日本にはじめて密教を持ち帰った空海】

774年～835年。讃岐国に生まれる。15歳で論語、孝経、史伝、文章などを学ぶ。18歳で大学寮に入るが、大学の勉強に飽き足らず、19歳で中退し、山岳で修行。804年、学問僧として入唐し、長安へ赴く。翌年恵果《けいか》より密教を受け継ぐ。806年、帰国。真言宗を開く。816年、高野山を下賜《かし》される。821年、満濃池《まんのういけ》（讃岐）の修築を指揮。823年、教王護国寺《きょうおうごこくじ》（東寺）を勅賜《ちょくし》。

言、3番目の無上咒は智慧と慈悲を実践する者（大乗）の真言、最後の無等等咒はすべての成仏《じょうぶつ》を説く最奥義（秘蔵）の真言」であると。

　こうした解釈は、密教の立場からの独特のものといわれることもありますが、立場云々というより、般若心経に込められた真の意味に近づく一つの重要な解釈といえるのではないでしょうか。

　この解釈によれば、どんな修行段階の人であれ、このマントラが、上に昇る「階段」になり得るわけです。このようにとらえると、般若波羅蜜多という真言の価値が、また違う視点から見えてきます。

　出家した修行者だけでなく、**すべての人が成仏できるとした大乗仏教の精神が、ここでも示されています。**

最後の階段でお釈迦様のいる屋上へ

是《ぜ》無《む》等《とう》等《どう》呪《しゅ》

訓み下し文

これ無《む》等《とう》等《どう》呪《しゅ》なり

意味

比類なきマントラは

最後の呼び名は「**無等等呪**」。サンスクリット語では「アサマサマ・マントラ」で、「比類なき真言」という意味になります。

四つの呼び名は、4階建ての建物の「階段」にあたるという解釈を述べましたが、その最後の階段ということになります。

しかし、ここで少し不思議に思われる人もおられるかもしれません。4階までにある階段は三つです。4番目の階段はどこに通じているのでしょうか。

到達してもさらなる高みがある

先に、サールナートの考古博物館にある仏伝レリーフを紹介しました。お釈迦様の誕生、修行、初説法、入滅の様子が、4階建ての建物のような構図に描かれているレリーフでした。

このレリーフには、実は「屋上」があります。レリーフをス

【悟りのレベルを上げる四つのマントラ】

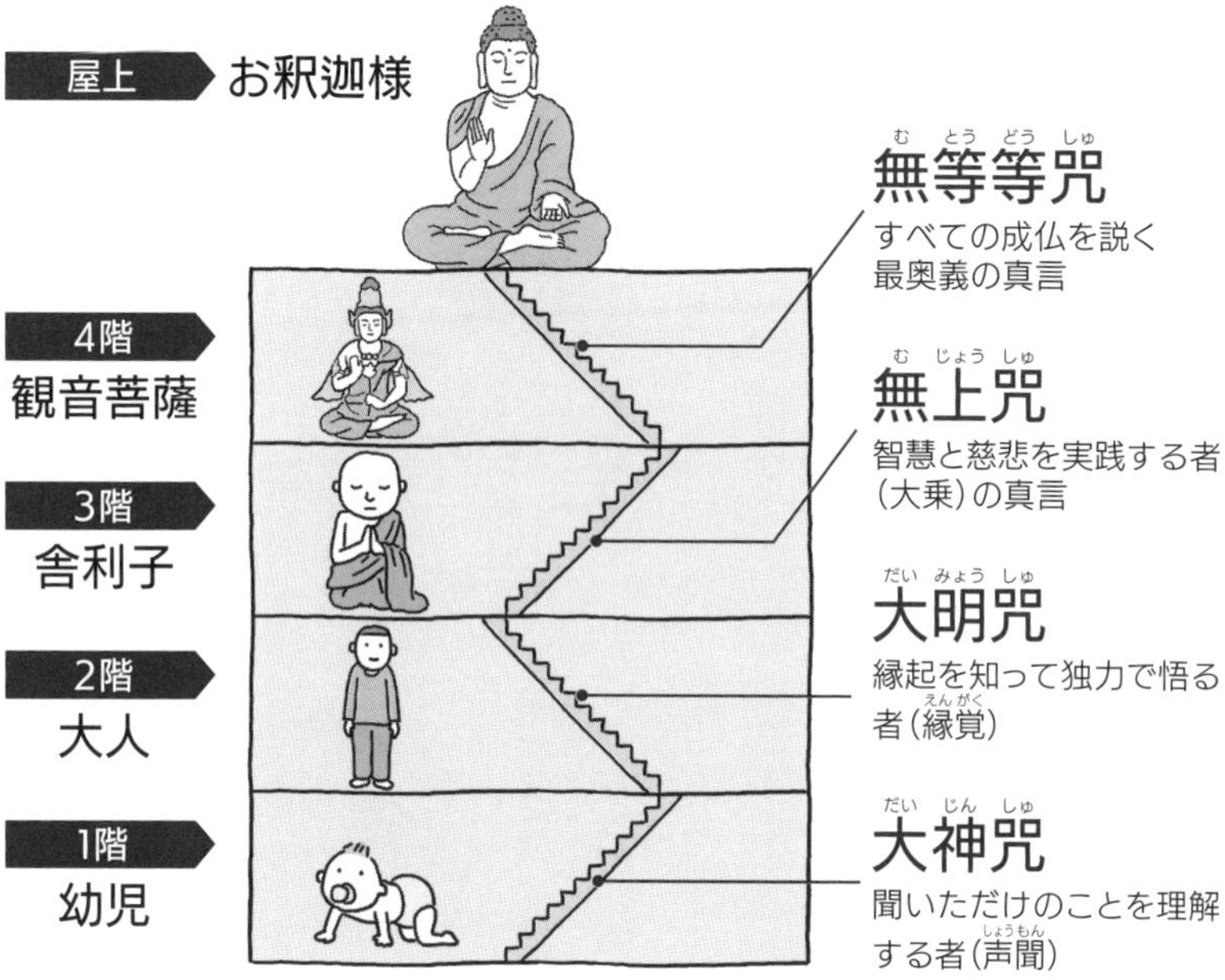

ケッチした55ページの図でわかるとおり、そこには瞑想しているお釈迦様が描かれています。それが示すように、**屋上は「お釈迦様のいるところ」**です。もはや一つのフロアではなく、建物全体の頂であり、何の隔《へだ》たりもない大空そのものです。

そこへの階段が「無等等咒」ということになります。4階は到達点だといいましたが、そこで**終わりではなく、さらなる高みがある**ことを、このレリーフ同様に、般若心経も示しているのです。

それは、何度か述べてきたとおり、下の階を見下げたり、否定したりするものではなく、ただ「人は階段を通って上に昇ることができる」「階下がなければ階上はない。階下も含めてすべてが〈私〉である」ということを示しているのです。

すべての苦から解き放たれる

能《のう》除《じょ》一《いっ》切《さい》苦《く》

訓み下し文

よく一切《いっさい》の苦《く》を除《のぞ》き、

意味

すべての苦を鎮めるものであり、

ここから、さらにマントラの説明が続きます。漢文では「能《のう》除一切苦《じょいっさいく》」、日本語では「すべての苦を鎮《しず》めるものであり」という意味になります。

般若心経の最初のほうにあった「度一切苦厄《どいっさいくやく》」は、原典にはなく、この「能除一切苦」を強調するために漢訳に挿入されたものだろうと述べました。それほど、漢訳者はこの部分が重要だととらえていたわけです。

内なる建物を昇るごとに解放される

前の部分からの流れで読むと、「(智慧という完成に到達した者は)、すべての苦を除くことができる」となります。般若波羅蜜多のマントラには、それだけの力があると伝えています。

苦とは、前述のとおり「思いどおりにならないこと」を指し

【「すべては思いのままにならない」を知るべし】

三苦

心身を悩ます３種の苦

苦苦《くく》
寒熱・飢渇・病気などそれ自体が苦であるもの。

壊苦《えく》
楽事が破れて苦に変わる。

行苦《ぎょうく》
あらゆるものが変わっていく無常から受ける苦。

↓

一切皆苦《いっさいかいく》　すべてのものは苦しみである。

この世のすべてのことは自分の思いどおりにならない。それなのに「どうにかしたい」「どうにかしよう」と思うことで苦が生まれる。すべては移ろいゆく「諸行無常」であるのだから、「すべては思いのままにならない」ことを受け入れることで、はじめて苦から解放されるのだ。

ています。その最たるものが、十二縁起の最後にある「老死」、すなわち年をとることと死ぬことです。いつまでもなく、人間がこの二つから逃れるすべはありません。

その苦を除くとは、どういうことでしょうか。マントラを唱えても、不老不死になるわけではありません。

しかし、自分を取り囲み、妨げるもの（罣礙）がきれいに取り払われる次元に達したら、苦から解き放たれることを、ここでは強調しているのです。

自分の内なる建物を1階ずつ昇るごとに、見晴らしはよくなり、罣礙が除かれ、苦から解放されます。**「そこに昇る階段になるのが、般若波羅蜜多のマントラですよ」と改めて述べている**わけです。

矛盾なく嘘偽りがない

真《しん》実《じつ》不《ぷ》虚《こ》故《こ》

訓み下し文

真《しん》実《じつ》なり、虚《むな》しからざる故《ゆえ》に

意味

（このことは）真実であり、虚妄ではないから、

この部分は伝統的には、「真実にして虚《むな》しからず」とされています、大部分の解説書が、そのように「真実」と「不虚」を、同じことをくり返して強調しているように解釈しています。

確かに漢訳を見る限り、この二つは同じことをいいかえているように見えます。また、「不虚」が「真実」の理由になるとは思えないので、その下の「故」を次の文にかけて「故に般若波羅蜜多の咒を説く」とする解説書が多く見られます。

原典は「偽りがないから真実である」という文構成です。「故に」は次の文ではなく、やはり「不虚」にかかるのです。

確実で信頼できて効き目がある

ここの「真実」にあたるサンスクリット語は「サトヤ」です。現代語の「本当のこと」を指すのではなく、ここでは、「確実

【「般若心経」はすべての苦を鎮める】

玄奘も「般若心経」の真言によって救われていた。玄奘がインドへ出国する前、蜀の地で行倒れた病人を助けたところ、「般若心経」の真言を授けられた。インドの巡礼の旅の途中で行く手を阻もうと現れた悪鬼や化け物に対して、授かった真言を唱えたところ、悪鬼どもは叫び声をあげて逃げたという。

で信頼のおける効き目のあるもの」を指します。

いうまでもなく、般若波羅蜜多のマントラのことを指しているのです。

ちなみに、「苦集滅道」についての解説（74ページ）で「諦」は「明らかにする」という意味だと述べましたが、この原語も「サトヤ」で、「明らかになった確実なもの」という意味です。

次の不虚は、原語では「アミティヤー」で「矛盾していない、嘘偽りでない」という意味です。したがって、この部分は、前後と合わせると「**般若波羅蜜多のマントラは、すべての苦を鎮める確実な信頼のおける効き目のある言葉である。なぜなら矛盾なく、嘘偽りのないものだから**」という意味になります。

待たれていた強力なマントラ

説《せつ》般《はん》若《にゃ》波《は》羅《ら》蜜《み》多《た》呪《しゅ》

訓み下し文

般《はん》若《にゃ》波《は》羅《ら》蜜《み》多《た》の呪《しゅ》を説《と》く

意味

般若波羅蜜多の修行で唱えるマントラは

「説般若波羅蜜多呪」は、「**般若波羅蜜多の修行で唱えるマントラは**」という意味で、このあと、マントラが提示されます。

ここで、マントラに関して、いままでに述べていなかったことをお話ししておきましょう。それは、そもそもインド人にとって「マントラ」とは何か、ということです。この部分の基礎知識を持っておくと、般若心経の理解はさらに深まるでしょう。

「これが仏教のマントラ」という宣言

インド人が何かを「マントラのようだ」といったら、最高の褒《ほ》め言葉です。また、ことわりなくマントラについて語るときは、バラモン教の聖典、ヴェーダの一節を指します。

インド人にとって、ヴェーダこそ神々から授かった言葉であり、神々に捧げる言葉であり、神々を動かす言葉です。バラモ

【カースト制度を認めなかったお釈迦様】

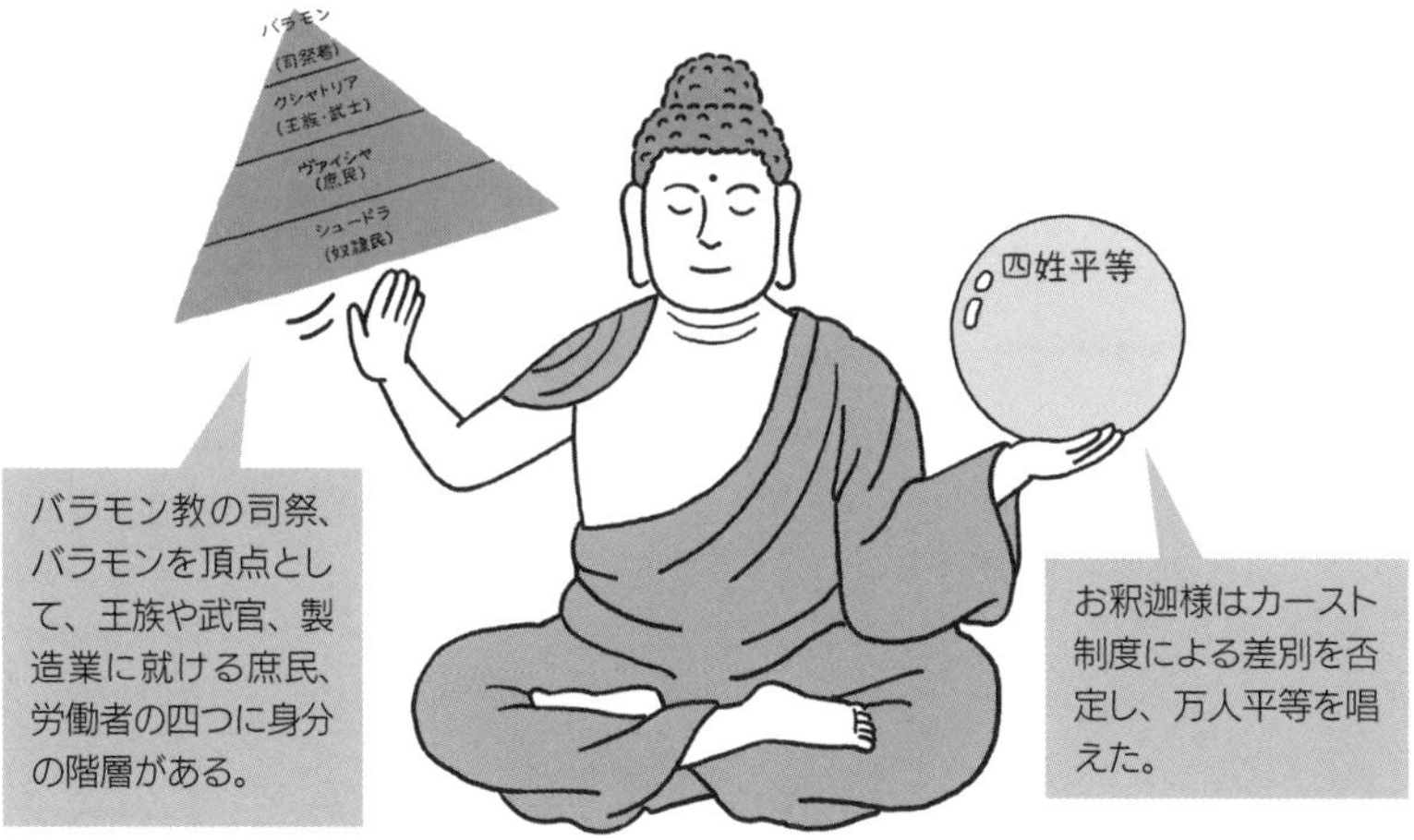
バラモン
（司祭者）
クシャトリア
（王族・武士）
ヴァイシャ
（庶民）
シュードラ
（奴隷民）
四姓平等
バラモン教の司祭、バラモンを頂点として、王族や武官、製造業に就ける庶民、労働者の四つに身分の階層がある。
お釈迦様はカースト制度による差別を否定し、万人平等を唱えた。

インドにはお釈迦様が生まれる以前から自然神を拝むバラモン教が信じられていた。バラモン教はカースト制という身分制度の頂点であるバラモンだけが神に祈りを捧げることができるとされていた。しかしお釈迦様はこれを認めず、みな平等であるという「四姓平等」を貫いたのだ。

ンの司祭者がヴェーダを唱えてこそ、神々が動き、世界は秩序を保てると信じられてきました。ところが、仏教はヴェーダの権威を認めませんでした。

とくに、ヴェーダに根拠を置くカースト制度を仏教は認めず、四姓（四つの身分）平等を貫いたのです。

そのような経緯から、仏教の初期は、祈りの言葉はあったものの「マントラ」とは称していませんでした。しかし、当時のインド仏教徒は、ヴェーダにかわる強力なマントラを求めていました。

そこに登場したのが、仏教の理想の意義が込められた「般若波羅蜜多」でした。そして、**「これこそが仏教のマントラだ」と宣言した最初の経典が「般若心経」だったのです。**

いよいよマントラが提示される

即《そく》説《せつ》咒《しゅ》曰《わつ》

訓み下し文

すなわち咒《しゅ》を説《と》いて曰《いわ》く

意味

すなわち（マントラは）次のとおりである。

「即説咒曰」は「すなわち次のとおりである」という意味で、マントラの提示に先立つ文がこれで終わります。仏教のマントラは、ヴェーダのマントラのように、神々を動かして日常の願望を達成するための呪文ではありませんでした。自己を探究していく高度な修行体系のなかで活用されるものであり、智慧と慈悲を実践する菩薩の拠りどころでした。そうした従来と違う性質を持つ仏教のマントラが、広く普及していったのです。

思考の道具ともなる祈りの言葉

もともとマントラという言葉は、**「考える」を意味する「マン」に、手段を意味する「トラ」がついた言葉で「思考の道具」が原義**です。思考の道具とは「言葉」のことです。人は言葉なくして考えることはできません。ただし、言葉のなかでも、祈り

【般若心経の真言（マントラ）部分の梵字】

梵語

ga te　ga te　pā ra ga te　pā ra saṃ ga te　bo dhi svā hā

漢語

掲諦《ぎゃてい》　掲諦《ぎゃてい》　波羅掲諦《はらぎゃてい》　波羅僧掲諦《はらそうぎゃてい》　菩提娑婆賀《ぼじそわか》

玄奘は「掲諦」以下の真言部分は、梵語の音を漢字に当てただけで訳していない。それは96ページで解説した「五種不翻《ごしゅふぼん》」による。空海は、「掲諦」以下の部分について、真言は無量無辺の真実を含んでいるので、どんなに言葉で説明してもしつくすことはできない、といっている。

の言葉だけを「マントラ」と称します。それは、一種の「呪文」ともいえます。しかし、現代人が「呪文」という言葉に抱く怪しげなイメージとはまったく違います。天啓として授かるものであり、神意を問う手段であり、このうえなく神聖なものです。

日本でも、古来、言葉に宿る霊力を信じる「言霊《ことだま》信仰」があり、それは今の時代にも生きています。受験生のいる家庭で「落ちる」という言葉が禁句とされ、結婚式のお祝いに「切れる」「離れる」などの言葉を使わないのは、言葉の力を信じるからこそでしょう。

そうした言葉の力によって、内なる自分を高めてくれるのが、般若波羅蜜多のマントラということになります。

揭《ぎゃ》諦《てい》揭《ぎゃ》諦《てい》

ガテーの意味は「往く」なのか

訓み下し文

揭《ぎゃ》諦《てい》揭《ぎゃ》諦《てい》

意味

ガテー、ガテー

ここからが般若波羅蜜多のマントラの提示になります。以後は、音写語としてのマントラが並んでいます。最初は「揭諦揭諦」で、「ガテー、ガテー」というサンスクリット語を音写したものです。

マントラは、それが持つ力が発揮されるように、口に出して唱えることにこそ意味があります。ですから、どの漢訳書も、マントラの部分は音写するだけで翻訳はしていません。

空海は「修行の成果を示す」と解釈

マントラは伝達のための言語ではなく、それを唱える修行者の体験だけに深く関わる祈りの言葉です。ですから、もともと厳密な解釈は不可能で、かつ不要ともいえます。

しかし、「どんな意味を持つ言葉か」は誰しも気になるとこ

【仏教学者によるマントラ部分の邦訳例】

掲諦《ぎゃてい》　掲諦《ぎゃてい》　波羅《はら》掲諦《ぎゃてい》　波羅僧《はらそう》掲諦《ぎゃてい》　菩提娑婆賀《ぼじそわか》

中村元訳　往ける者よ、往ける者よ、彼岸に往ける者よ、彼岸に全く往ける者よ。さとりよ、幸あれ。
（『般若心経・金剛般若経』岩波文庫）

平井俊榮訳　行った者よ、行った者よ、彼岸に行った者よ、すべて彼岸に行った者よ、幸福なれ。　（『般若経』ちくま学芸文庫）

高神覚昇訳　自ら覚り、他を覚らしめ、覚りの行が完成した。
（『般若心経講義』角川ソフィア文庫）

宮坂宥洪訳　母よ、母よ、般若波羅蜜多なる母よ、どうかさとりをもたらしたまえ――。　（『真釈　般若心経』角川ソフィア文庫）

ろでしょう。

また、厳密でなくとも、その根本的な意味を知っておくことは、般若心経の力を感じるヒントになります。

そこで、以下、このマントラの解釈に触れておきましょう。般若心経のマントラの解釈については、さまざまな解説書の著者や学者が述べています。

「掲諦（ガテー）」は原語で「往《ゆ》く」を意味しているため、多くの学者は、掲諦を「往ける者よ」「到れり」などと解釈しています。

一方、空海は、前にもあげた『般若心経秘鍵』のなかで、最初の「掲諦」は声《しょう》聞《もん》の修行の成果、次の掲諦は縁覚《えんがく》の修行の成果としています（声聞、縁覚については104ページ参照）。

くり返す「掲諦」が示すもの

波《は》羅《ら》掲《ぎゃ》諦《てい》　波《は》羅《ら》僧《そう》掲《ぎゃ》諦《てい》

訓み下し文

波《は》羅《ら》掲《ぎゃ》諦《てい》
波《は》羅《ら》僧《そう》掲《ぎゃ》諦《てい》

意味

パーラガテー
パーラサンガテー

解釈の紹介を続けます。「波羅（パーラ）」は彼岸《ひがん》（河の向こう側）という意味を持つ言葉です。そのため、「掲諦」を「往く」とする解釈と組み合わせ「彼岸に往けるときに」「彼岸に往ける者よ」「彼岸に到れり」などとする解釈が多く見られます。

「僧（サン）」は「完全に」という意味なので、この流れで「波羅僧掲諦」を解釈すると、「彼岸に完全に往けるときに」「彼岸にまったく往ける者よ」などとなります。

このような解釈によって、マントラが意味するところに、果たしてどれだけ近づけているでしょうか。

修行の階梯と呼応するマントラ

「掲諦」を文字通りの「往く」ととらえると、このような解釈になります。しかし、その語意だけにとらわれると、かえって

【空海が考えたマントラの功徳】

掲諦《ぎゃてい》－是大神呪《ぜだいじんしゅ》

声聞《しょうもん》の功徳　お釈迦様の真実の声を聞くことで開けてくる悟りの境地のこと。

掲諦《ぎゃてい》－是大明呪《ぜだいみょうしゅ》

縁覚《えんがく》の功徳　この世の本当の実相となる縁起を悟ることができること。

波羅掲諦《はらぎゃてい》－是無上呪《ぜむじょうしゅ》

菩薩の功徳　声聞と縁覚の修行から生まれる菩薩の境地のこと。

波羅僧掲諦《はらそうぎゃてい》－是無等等呪《ぜむとうどうしゅ》

真言の功徳　菩薩が調和と秩序を保って、この世に仏国土をつくること。

全体が漠然としそうです。

より適確な語感は、「往く」というより「理解する」でしょう。それなら「智慧という完成」を意味する「般若波羅蜜多」とも意味が重なります。

「理解」を意味する「掲諦」が４回、次第に強調されながらくり返されることは、自己の内面にある階段を昇り、理解を高めていくイメージととらえられます。

『般若心経秘鍵』にある空海の解釈がまさにそれで、最初の二つの掲諦を、それぞれ声聞・縁覚の修行の成果としたあと、波羅掲諦は大乗の修行の成果、波羅僧掲諦は真言（マントラ）の教えの修行の成果としています。マントラの呼び名とともに、中身もまた修行の階梯と呼応していると空海は考えたのです。

「般若波羅蜜多なる母」への呼びかけ

菩《ぼ》提《じ》娑《そ》婆《わ》賀《か》

「菩提（ボーディ）」は、前に菩提薩埵の説明でも出てきたように「悟り」を意味します。空海は、ここまでのマントラが修行の階梯を示すという解釈に立ち、最後の「菩提娑婆賀」は「究極的な悟りに入ること」を意味すると述べています。

空海と同じく、このマントラには「修行の階梯が込められている」というのが、本書の結論です。「自分の内なる建物」の階段を順に昇り、次第に見晴らしがよくなる成果を、一つ一つ自分で確かめ、仏の境地に近づくプロセスを述べるとともに、それを称えるマントラという解釈になります。

訓み下し文

菩《ぼ》提《じ》娑《そ》婆《わ》賀《か》

意味

ボーディ、スヴァーハー

数百年のときを経て甦った仏母

さらに、原語では、マントラの各部分がすべて女性名詞の「呼びかけ語」になっています。なお、最後の「娑婆賀（スヴァー

【お釈迦様の生母マーヤー（摩耶）夫人とは】

パーリ語またはサンスクリット語ではMāyā、माया。生没年不詳。コーリヤ族の出身とされ、釈迦族の王シュッドーダナ（浄飯王）に嫁いだ。お釈迦様を産んでわずか7日後に没した。ヴァイシャーカ月（インドの暦の第2番目の月で、太陽暦では4月か5月にあたる）に６本の牙を持つ白い象が胎内に入る夢を見てお釈迦様を懐妊したとされ、郷里に帰る途中に立ち寄ったルンビニーの園で花、南方伝では娑羅双樹を折ろうと手を伸ばしたところ、右脇からお釈迦様が生まれたと伝えられている。

ハー」は、仏教に限らず、インドの儀礼に用いられる句で「成就《じょうじゅ》あれ！」というような意味です。

第1章のなかで、般若波羅蜜多は、マントラであると同時に、それ自体が神格化され、諸仏を生む「仏母」としても崇《あが》められてきたと述べました。それを踏まえ、以上に述べたことを考慮すると、マントラの意味は、およそ次のようになるでしょう。

「母よ、母よ、般若波羅蜜多なる母よ、どうか悟りをもたらしたまえ」

お釈迦様を生んで、わずか7日で没した生母マーヤー（摩耶）夫人が、数百年のときを経て、大乗仏教の原動力として甦り、人々の心をゆさぶっていると考えることもできるでしょう。

般《はん》若《にゃ》心《しん》経《ぎょう》

お釈迦様が織りなした壮大な思想劇

冒頭の経題の解説で述べたとおり、インドの古い書物では、冒頭には題を書かず、最後に「以上で～終わる」と述べます。それが「般若心経」というこの部分です。

小本の般若心経は、観自在菩薩が舎利子に対し、修行の内容を伝授した部分だけで成り立っており、ここで終わります。大本には、観自在菩薩が語り終えたあとのシーンがあります。

「内なる智慧に目覚めよ！」

大本によれば、観自在菩薩による伝授がすむと、お釈迦様は瞑想から目覚め、「善《よ》いかな、善いかな、そのとおりだ」と観自在菩薩を賞賛します。それを聞いた聴衆が大喜びする場面で大本は終了します。

この一幕の物語は、すべてを見渡せる屋上にいるお釈迦様が

訓み下し文

般《はん》若《にゃ》心《しん》経《ぎょう》

意味

以上で、般若波羅蜜多のマントラ、提示し終わる。

【空海の「十住《じゅうじゅう》心《しん》論《ろん》」】

空海は心の発展段階を10に分類し、諸宗の教えと対照させ、密教を最もすぐれた教えとした。

高い

宗教心

低い

第十	秘《ひ》密《みつ》荘《しょう》厳《ごん》心《しん》	真理から無限の宝を引き出せる段階（真言宗）
第九	極《ごく》無《む》自《じ》性《しょう》心《しん》	世界の無限性を理解するが実践に至らない段階（華厳宗）
第八	一《いち》道《どう》無《む》為《い》心《しん》	世界を正しく認識した段階（天台宗）
第七	覚《かく》心《しん》不《ふ》生《しょう》心《しん》	空を理解するが否定的見解に留まる段階（三論宗）
第六	他《た》縁《えん》大《だい》乗《じょう》心《しん》	利他行を行う段階。以降、大乗（法相宗）
第五	抜《ばつ》業《ごう》因《いん》種《じゅ》心《しん》	縁起のほうを理解できる段階（独学による悟り）
第四	唯《ゆい》蘊《うん》無《む》我《が》心《しん》	無我の教えが理解できる段階（上座部仏教）
第三	嬰《えい》童《どう》無《む》畏《い》心《しん》	宗教心の芽生えた段階（仏教以外の宗教）
第二	愚《ぐ》童《どう》持《じ》斎《さい》心《しん》	倫理の意識が芽生えた段階（人間一般）
第一	異《い》生《しょう》羝《てい》羊《よう》心《しん》	羊のように性と食の欲だけの段階

織りなした壮大な思想劇だったのです。

それは、すべての人の内面に関係しています。すべてのレベルのフロアは、すでに自分自身のなかにあるからです。ただ、私たちは、通常は2階の世間レベルのフロアにいます。まだ1階の幼児レベルのフロアにいるのかもしれません。

自分自身のうちに、もっと見晴らしのよい上層階があるのに、それに気づかず、誰もが悩み、苦しんでいます。しかし、自分のなかの階段を一つ一つ昇ったならば、「やがてはあらゆる苦悩から解放される」と般若心経は伝えようとしています。

その智慧は、自分を離れたどこかにあるわけではなく、自分の内にあります。般若心経は、「その内なる智慧に目覚めよ」と呼びかけているのです。

般若心経を唱えてみよう

＊「読経のマナーと心得」は126～127ページをご覧ください。

仏説摩訶般若波羅蜜多心経《ぶーせつまーかーはんにゃーはーらーみーたーしーんぎょう》 観自在菩薩《かんじーざいぼーさー》

行深般若波羅蜜多時《ぎょうじんはんにゃーはーらーみーたーじー》 照見五蘊皆空《しょうけんごーうんかいくう》 度一切苦厄《どーいっさいくーやく》 舎利子《しゃーりーしー》

色不異空《しきふーいーくう》 空不異色《くうふーいーしき》 色即是空《しきそくぜーくう》 空即是色《くうそくぜーしき》 受想行識《じゅーそうぎょうしき》 亦復如是《やくぶーにょーぜー》

舎利子《しゃーりーしー》 是諸法空相《ぜーしょーほうくうそう》 不生不滅《ふーしょうふーめつ》 不垢不浄《ふーくーふーじょう》 不増不減《ふーぞうふーげん》

是故空中《ぜーこーくうぢゅう》 無色無受想行識《むーしきむーじゅーそうぎょうしき》 無眼耳鼻舌身意《むーげんにーびーぜっしんにー》

無色声香味触法《むーしきしょうこうみーそくほう》 無眼界《むーげんかい》 乃至無意識界《ないしーむーいーしきかい》 無無明《むーむーみょう》 亦無無明尽《やくむーむーみょうじん》

乃至無老死《ないしーむーろうしー》　亦無老死尽《やくむーろうしーじん》　無苦集滅道《むーくーじゅうめつどう》　無智亦無得《むーちーやくむーとく》　以無所得故《いーむーしょーとっこー》

菩提薩埵《ぼーだいさったー》　依般若波羅蜜多故《えーはんにゃーはーらーみーたーこー》　心無罣礙《しんむーけーげー》　無罣礙故《むーけーげーこー》　無有恐怖《むーうーくーふー》

遠離一切顛倒夢想《おんりーいっさいてんどうむーそう》　究竟涅槃《くーぎょうねーはん》　三世諸仏《さんぜーしょーぶつ》　依般若波羅蜜多故《えーはんにゃーはーらーみーたーこー》

得阿耨多羅三藐三菩提《とくあーのくたーらーさんみゃくさんぼーだい》　故知般若波羅蜜多《こーちーはんにゃーはーらーみーたー》　是大神咒《ぜーだいじんしゅー》

是大明咒《ぜーだいみょうしゅー》　是無上咒《ぜーむじょうしゅー》　是無等等咒《ぜーむーとうどうしゅー》　能除一切苦《のうじょーいっさいくー》

真実不虚故《しんじっぷーこーこー》　説般若波羅蜜多咒《せつはんにゃーはーらーみーたーしゅー》　即説咒曰《そくせっしゅーわっ》

掲諦掲諦《ぎゃーていぎゃーてい》　波羅掲諦《はーらーぎゃーてい》　波羅《はら》（※つなげて発音）僧掲諦《そうぎゃーてい》　菩提《ぼーじー》娑婆賀《そわか》（※つなげて発音）　般若心経《はんにゃーしんぎょう》

［漢字表記と読み方は真言宗智山派の伝による］

般若心経読経のマナーと心得

身を浄め、心静かに

262文字という短い経典である般若心経は、暗唱に適しており、庶民の間でも古くから熱心に読経されてきました。

読経に慣れていない人でも、リズムのつかみやすいお経でもあります。

124～125ページに、読経しやすいように読み仮名をふった般若心経全文を掲載しました。これを見ながら、読経にチャレンジしてみてはいかがでしょうか。

ただ、いくら親しみやすいお経といっても、聖典を拝読するわけですから、守るべきマナーや心得があります。堅苦しく考える必要はありませんが、少なくとも持っておきたい心得、実践したいマナーについて、ここで述べておきましょう。

第一に心得ておきたいことは、経典を尊ぶ気持ちを持つことです。第1章で述べたとおり、般若心経には600巻の経典のエッセンスが詰まっており、多くの人の手を経て私たちに伝えられました。そのことへの感謝と崇敬の念を持っておきましょう。

家のなかで読経を行うのに、最も適した場所は仏壇の前です。

仏壇がなければ、清浄で落ち着ける場所を選びましょう。

前に好きな仏像の写真を置き、花や木などを供えるのもよいでしょう。

そして、以下のような手順で読経を行います。

①身を浄める＝手を洗い、口をすすぐ。

②仏壇を開いて前に座る＝仏壇がなければ、清浄な落ちつける場所に座る。数珠があれば手にかけておく。

③三拝する＝合掌して礼拝を3度行う。

④経本を押しいただく（両手で持って頭上にささげ持つ）＝押しいただいたあと、読むべき場所を拡げる。経本がない場合では、本書の124〜125ページを広げるか、コピーして用いてもよい。

⑤お鈴を鳴らす＝鳴らしかたは宗派による。

⑥経本を両手で目の高さに持って読経する＝読経のしかたは、各宗派で出している「在家勤行式」に従うのが基本だが、適宜省略してもよい。

⑦お鈴を鳴らす。

⑧三拝する。

⑨仏壇を閉じて終える。

慣れるまでは読み間違いなど気にせず、周りに迷惑をかけない範囲で、できるだけ大きな声で読むのがよいでしょう。心を落ち着かせて読経していると、その流れやリズムが次第に心地よく感じられてきます。

くり返していると、身の内に生まれるもの、変化するものが感じられるでしょう。

監修者の読経を聞いてみましょう

Webサイトに、本書の監修者・宮坂宥洪先生の読経を収録しました（下記のQRコードにアクセスしてください）。

読経の声の調子、リズム、また「般若心経」の雰囲気や深い味わいなどを学ぶことができます。

▶監修者紹介

宮坂宥洪（みやさか・ゆうこう）

1950年生まれ。高野山大学仏教学科卒業。名古屋大学大学院文学研究科博士課程単位取得。博士（哲学）。専攻はインド哲学、密教学。真言宗智山派照光寺住職。智山伝法院院長。著書に、『新釈・般若心経』『仏教が救う日本の教育』『密教の遊歩道』（いずれも角川書店）、『今日から自分を変えられる本』（四季社）、『インド留学僧の記』（人文書院）など多数。訳書に『ダライ・ラマ 実践の書』『ダライ・ラマ　ゾクチェン入門』『般若心経入門』（いずれもダライ・ラマ著、春秋社）などがある。

装丁・本文デザイン・DTP　ニイモモクリエイト
構成・文　松崎千佐登
イラスト　竹口睦郁
写真提供　国立国会図書館／photolibrary／iStock
編集制作　風土文化社

眠《ねむ》れなくなるほど面白《おもしろ》い
図《ず》解《かい》 般《はん》若《にゃ》心《しん》経《ぎょう》

2020年3月10日　第1刷発行
2024年7月1日　第13刷発行

監修者　宮《みや》坂《さか》宥《ゆう》洪《こう》
発行者　竹村　響
印刷所　図書印刷株式会社
製本所　図書印刷株式会社
発行所　株式会社日本文芸社
〒100-0003 東京都千代田区一ツ橋 1-1-1 パレスサイドビル 8F
URL https://www.nihonbungeisha.co.jp/

Printed in Japan 112200222-112240620 Ⓝ 13（300027）
ISBN978-4-537-21773-5
（編集担当：坂）